지은이 **롤프 모리엔**Rolf Morrien

뮌스터대학교와 비엔나대학교에서 역사학, 경제학, 정치학을 전공했다. 졸업 후 경제 전문 저널리스트가 되어 독일 언론사 《악치엔아날뤼젠Aktien-Analysen》의 편집자로 일했다. 2002년부터 주식 정보 사이트를 운영하고 있다. 저서로는 독일 아마존 베스트셀러에 오른 『쉽게 이해하는 주식Börse leicht verständlich』, 『실전에 적용하는 주식정보 Börseganz praktisch』, 『잃지 않는 투자법Verschenken Sie kein Geld』 등이 있다.

하인츠 핀켈

뮌스터대학교에 ⬛⬛⬛⬛⬛⬛⬛⬛⬛⬛⬛⬛⬛⬛⬛⬛⬛⬛ 판사에서 편집자로 일 ⬛⬛⬛⬛⬛⬛⬛⬛

감수 **신진오**

'한국 가치투자의 원조' 신영증권에서 주식운용 담당 임원을 역임했다. 1992년 외국인에게 한국 증시가 개방되기 직전 '저PER 혁명'을 주도하여 한국 가치투자의 서막을 열었다. 1998년 IMF 외환위기 당시 핵심 블루칩을 대량 매수했다가 큰 성공을 거둬 화제를 모으기도 했다. 오랜 실전 운용 경험을 바탕으로 『전략적 가치투자』, 『현명한 투자자 2 해제』를 펴냈다. "핵심 우량주를 보유하면 시간이 흘러갈수록 유리해진다"라는 의미의 필명 'ValueTimer'로 유명하다. 가치투자 독서클럽인 '밸류리더스' 회장으로 활동하고 있다.

번역 **강영옥**

덕성여자대학교 독어독문과를 졸업하고 한국외국어대학교 통역번역대학원 한독과에서 공부한 후, 여러 기관에서 통번역 활동을 했다. 현재 번역 에이전시 엔터스코리아에서 번역가로 활동 중이다. 옮긴 책으로는 『말의 마지막 노래』, 『아름답거나 혹은 위태롭거나』, 『인간과 자연의 비밀 연대』, 『호모 에렉투스의 유전자 여행』, 『자연의 비밀 네트워크』, 『바이러스』, 『200세 시대가 온다』, 『노화, 그 오해와 진실』, 『워런 버핏』 등 다수가 있다.

더 클래식 워런 버핏

워런 버핏

20세기 최고의 투자가

롤프 모리엔·하인츠 핀켈라우 지음 | 강영옥 옮김 | 신진오 감수

달
북

"진짜 위험은 자신이 무엇을 하는지 모르는 데서 온다."

- 워런 버핏

투자를 시작한 사람이라면
반드시 읽어야 할 인생

워런 버핏Warren Buffett이라는 이름을 모르는 사람은 아마 없을 것이다. 하지만 그가 어린 시절 동전 교환기를 들고 이웃집을 일일이 방문하며 코카콜라를 한 병당 5센트에 팔았다는 사실을 아는 사람은 드물 것이다. 콜라 장사를 하기 위해 버핏은 6병들이 콜라를 할아버지의 식료품 상점에서 25센트를 주고 샀다. 그의 계산서에는 "25센트를 투자해 콜라 6병을 매수해 총 30센트(6병×5센트)의 매출을 올린다"라고 적혀 있었다. 이 투자에서 자기자본이익률Return On

Equity(ROE)은 무려 20퍼센트로, 이후 버핏이 위대한 투자가의 반열에 오를 때까지도 이 수치는 항상 일정하게 유지되었다. 버핏은 성인이 된 후 벌인 사업에서도 항상 이 정도의 ROE를 달성하기 위해 노력했으며 실제로도 달성했다.

이처럼 우리가 흔히 위대한 투자가라고 부르는 이들 중 대다수는 어린 시절부터 투자의 역사에 한 획을 그을 만한 싹이 보였다. 많은 사람이 버핏을 포함해 엄청난 투자 수익률을 기록한 투자 고수들의 뒤를 잇겠다며 증권 시장에 뛰어들고 있지만, 정작 위대한 투자의 영웅들이 무엇을 보고, 듣고, 깨달았는지에 대한 이야기에 귀 기울이려는 투자자는 많지 않은 것 같다.

과거 수십 년 혹은 수백 년 동안 성공적인 길을 걸어온 투자의 귀재들이 있다. 그리고 이들의 투자 전략은 이미 검증되었다. 그런데 왜 사람들은 이미 검증된 전략을 놔두고 엉뚱한 곳에서 길을 찾으려 하는 걸까? 대가들의 전략을 모방하는 것은 결코 부끄러운 일이 아니다. 오히려 어떤 전략이 성공적인지 알고, 그것을 이해한 뒤, 그로부터 새로운 전략을 발견해 실천에 옮기는 남다른 능력을 발휘해야 한다.

투자를 하는 사람들이 잊고 있지만 그 어떤 말보다 진실에 가까운 격언이 있다. "사람들은 10만 달러를 잃을 때까지 온갖 멍청한 짓을 한다." 사람들은 대체 왜 검증된 투자법을 무시한 채 자신의 아이디어만 고집할까? 왜 그렇게 실수를 되풀이하다 빈털터리가 되어서야 과거를 후회하고 절망하는 것일까? 우리는 모든 실패의 근원에는 무지가 자리하고 있다고 생각했다.

물론 이 책 한 권으로 전설적인 투자가들의 어린 시절을 전부 들여다볼 수는 없지만, 그럼에도 당신은 이 책을 통해 그들이 어떤 과정을 거쳐서 배웠으며 어떤 특성을 가진 인물로 성장했는지 알게 될 것이다. '더 클래식' 시리즈 1부에서는 먼저 전설적인 투자가들의 성장 과정을 다루고, 2부에서는 위대한 투자가들의 투자 성공기와 그들만이 가진 전략을 소개할 것이다.

투자의 귀재들로부터 투자법과 철학을 배운다면 잘못된 길로 빠질 가능성이 현저히 낮아질 것이다. 물론 그들의 전략을 그대로 베끼라는 뜻은 아니다. 이미 큰 성공을 거둔 투자가들의 결정 과정과 방식을 이해하면 투자에 도움이 된다는 이야기다. 이러한 관점에서 트렌 그리핀Tren Griffin이 쓴『워런 버핏의 위대한 동업자, 찰리 멍거』는 유용한 책이다. 이 책에서 그리핀은 이렇게 말했다.

> "찰리 멍거Charles Munger와 워런 버핏처럼 성향이 비슷한 사람도 없을 것이다. 이들의 롤모델은 많은 사람이 본받고 싶어 하는 벤저민 프랭클린Benjamin Franklin이었다. 다만 그를 영웅으로 숭배하기보다는 그의 품성, 성격, 체계, 인생에 대해 진지하게 고민했다. 특히 멍거는 수백 편의 자서전을 읽는다. 직접 체험하지 않고 다른 사람의 실패로부터 교훈을 얻는 것은 가장 빠르게 똑똑해지는 방법이기 때문이다."

바로 이것이 위대한 투자의 거장들이 주식 투자로 바로 수익을 내지 못해도 꿋꿋이 버틸 수 있었던 힘이었다. 버핏은 현대 주식 시장 역사상 가장 유명하고 성공한 투자가로 손꼽힌다. 그는 입버릇처럼 "투자는 단순하지만 쉬운 일은 아니다"라고 말한다. 그의 영원한 파트너인 찰리 멍거 역시 "단순한 아이디어를 진지하게 다루라"라고 이야기한다. 이처럼 투자에 성공하는 데에 어떤 신묘한 재주나 비법이 필요한 건 아니다.

우리가 '더 클래식' 시리즈를 통해 소개하는 대부분의 투자 전략 역시 아주 단순하다. 하지만 가슴에 손을 얹고 생각해 보기 바란다. 그토록 기초적이고 간단한 투자의 규칙 중에서 제대로 알고 있거나 실전에 활용하고 있는 내용이 단 하나라도 있는가? 우리는 왜 이토록 검증된 투자법을 그동안 외면해 왔을까? 이 책이 그러한 문제의식에 답하는 첫 번째 공부가 되길 바란다.

워런 버핏에게 배우는
투자와 인생의 지혜

―――――――――― 감수의 글 ――――――――――

'주식 투자의 귀재', '오마하의 현인'이라고 불리는 주식 투자자들의 우상이 있습니다. 오로지 주식 투자만으로 세계 최고의 갑부 자리에 오른 워런 버핏입니다. 매년 5월에는 '주식 투자자들을 위한 우드스톡'이라 불리는 버크셔해서웨이의 주주총회가 열리는데요. 전 세계에서 몰려든 열광적인 버핏 팬들과 함께하는 페스티벌이자 특별 강연회입니다. 버핏에 열광하는 팬들 대다수는 자신도 버핏처럼 주식 투자로 돈을 벌고 싶다는 욕심으로 그 자리에 모이는 것일 터입니다.

많은 사람이 버핏을 따라 하려고 애를 씁니다. 구체적인 투자 기법은 물론이고, 인생관이나 개인적인 성격까지 닮으려고 하는 사람들도 있습니다. 심지어 버핏이 좋아하는 음식인 햄버거와 코카콜라를 따라서 즐기는 팬들도 있을 정도지요.

그래서인지 세상에는 자칭, 타칭 워런 버핏들이 많이 존재합니다. 캐나다의 워런 버핏, 영국의 워런 버핏, 유럽의 워런 버핏, 중동의 워런 버핏까지, 세계적으로 워런 버핏을 배출하지 않은 곳이 없을 정도입니다. 그런데 대체 그 수많은 워런 버핏들이 도대체 진짜 버핏의 어디를 닮았다는 건지 궁금합니다. 물론 이런 현상은 한국도 예외가 아닙니다. 신문 기사를 검색하다 보면 '한국의 워런 버핏'이라는 수식어가 붙는 사람이 한둘이 아닙니다. 대부분은 재산이 많다는 의미로 붙여진 별명입니다. 하지만 재산의 규모만으로 워런 버핏을 정의하기엔 그는 너무 위대한 인물입니다. 그렇다면 워런 버핏은 어떻게 '위대한 투자의 전설'이 되었을까요? 버핏이 금세기 최고의 투자가가 되기까지는 그에게 영향을 미친 인생의 책, 그리고 인생의 스승들이 있었습니다. 그리고 그것이 바로 이 시대의 투자자들과 사업가들이 이 책을 읽어야 하는 이유일 겁니다.

버핏은 타고난 사업가였습니다. 소매업을 하는 조부와 주식중개업을 하는 부친의 DNA를 물려받은 결과일까요? 버핏은 어려서부터 돈벌이에 집착했다고 합니다. 콜라 판매, 폐지 수집, 핀볼 머신 관리, 중고 골프공 판매, 우표 판매, 세차장 아르바이트, 자동차 렌트, 신문 배달 등 법에 저촉되는 일만 아니라면 어떤 돈벌이도 마다하지 않았습니다.

부친의 영향을 받아 자신이 직접 번 돈으로 11살이라는 어린 나이에 생애 처음으로 주식 투자에 나서기도 했습니다. 버핏은 그렇게 번 돈으로 14살에는 1200달러를 들여 16헥타르(약 5만 평) 규모의 농장을 구입했습니다. 고등학교를 졸업한 무렵인 17살에는 저축금이 무려 9000달러에 달할 정도였습니다. 그로부터 11년 후인 28살 때, 지금까지도 버핏이 살고 있는 저택을 3만 1550달러에 매입했다는 사실을 감안하면 9000달러는 고등학생이 모으기에 결코 쉬운 금액은 아닙니다.

경험 삼아 해보는 아르바이트라면 몰라도, 자식이 버핏처럼 허구한 날 돈벌이에만 집착한다면 그것을 가만히 두고 볼 부모가 한국에 있을까요? 우리의 관점에서는 매우 신기하고 낯선 일입니다. 심지어 버핏은 실질적인 돈벌이에 전혀 도움이 되지 않는 순수 이론만 가르친다는 이유로 대학 진학까지도 포기하려 했다고 합니다. 당시 교수의 월급 수준이 버핏의 수입보다 못했던 것으로 추정되는데요. 그런 교수가 자신에게 사업에 대해 가르칠 자격이 없다고 생각한 것이겠지요.

그러다가 버핏은 20살 무렵에 자신의 인생을 완전히 바꿔놓은 '인생 책'을 만나게 됩니다. 바로 벤저민 그레이엄 Benjamin Graham이 쓴 『현명한 투자자』입니다. 이 책을 만나기 전에는 버핏도 차트 분석에 빠져서 투자가 아니라 '게임'을 하고 있었지요. 이 책을 읽고 비로소 투자에 대한 진정한 의미를 깨달아 감동한 나머지, 저자인 그레이엄의 강의를 듣기 위해 컬럼비아대학교 경영대학원에 진학합니다. 한때는 대학에 진학할 필요도 없다고 생각했는데 말입니다.

그레이엄에게서 이론과 실무를 모두 전수받은 버핏은 드디어 투자조합을 설립하며 독립에 나섭니다. 버핏의 투자조합은 1956년~1969년 동안 연 29.5퍼센트에 해당하는 엄청난 수익률을 기록했습니다. 같은 기간 다우지수가 고작 연 7.4퍼센트의 상승률을 기록한 것을 보면 비교할 수 없을 정도로 압도적인 성과였습니다. 하지만 1960년대 말, 성장주 투자가 유행하면서 버핏의 투자 방식이 잘 통하지 않게 되었습니다. 심지어는 주가지수에도 밀리고 말았습니다. 그러자 투자조합 파트너들은 버핏에게 투자 방식을 바꿔서 지금이라도 성장주에 올라타라고 압박하기 시작했습니다. 파트너들과의 갈등이 심화되자 결국 버핏은 투자조합을 해산하기로 결정합니다. 그러면서 파트너들에게 지금까지의 투자 자금을 현금으로 받아가든지, 아니면 다른 투자전문가를 소개받든지, 그도 아니면 버크셔해서웨이 주식으로 받아가든지 선택하라고 했지요. 그중에서 끝까지 버핏을 믿었던 파트너들만 버크셔해서웨이 주식을 선택했고, 시간이 지나 그들은 오늘날 엄청난 갑부가 되었습니다.

버핏은 차트를 분석하며 '어찌 되었건 돈만 벌면 된다'는 식으로 머니 게임에 집중하다가, 그레이엄을 만나면서 비로소 진정한 투자가가 되었습니다. 그래서 그는 "그레이엄은 나에게 아버지와 같은 분이다"라고 말하고는 했습니다. '군사부일체君師父一體(임금과 스승과 아버지의 은혜는 하나다)'라는 옛말과 비슷한 어감이지요. 하물며 큰아들 이름까지 '하워드 그레이엄 버핏'이라고 지은 것을 보면, 버핏이 그레이엄을 얼마나 존경했는지 알 수 있습니다.

버핏은 그레이엄에게서 투자를 보다 큰 그림으로 바라볼 수 있는 지혜를 얻었습니다. 즉, 주식을 돈을 벌기 위해 거래하는 일개 종이 쪼가리가 아니라 '수익성 있는 사업에 동참하는 과정'으로 이해하게 된 것입니다. 그레이엄이 진행하는 증권 분석 강의를 통해 사업을 철저하게 분석하고, 내재가치를 추정하여 주가와 비교하는 마인드를 갖추게 된 것이지요. 버핏은 그레이엄에게 받은 가르침을 계기로 주가 흐름의 향방이 아니라 '사업의 전망'에 주목하게 되었습니다.

30살이 되었을 무렵에는 필립 피셔Philip Fisher의 『위대한 기업에 투자하라』를 읽고 큰 영향을 받았습니다. 그레이엄이 재무제표를 분석해서 내재가치를 추정하는 과정에 집중했다면, 필립 피셔는 직접 발로 뛰면서 기업의 세부적인 내용까지 치밀하게 사실을 수집하고 비교했습니다. 필립 피셔는 서류나 보고서를 통해서가 아니라 사업 그 자체를 직접 확인하라고 주장했습니다. 심지어 경쟁자를 통해서라도 기업의 실체를 파악하라고 했지요.

버핏은 "나는 85퍼센트의 그레이엄과 15퍼센트의 필립 피셔로 이루어졌다"라고 말한 적이 있습니다. 비중에 방점을 두고 바라보기보다는, 경제학과 학생들이 1학년 때는 경제학 개론을 배우고 4학년 때에 경제학 연습을 공부하듯이 그레이엄에게서 투자 개론을 배우고 필립 피셔에게서 투자 실습을 공부한 느낌으로 이해하면 좋을 것 같습니다. 아무래도 각론보다는 개론의 범위나 중요성이 큰 편이니까요.

버핏에게 그레이엄 못지않게 결정적인 영향을 미친 인물로 찰리 멍거를 꼽지 않을 수 없습니다. 버핏은 1959년, 29살에 두 사람을 모두 알고 있던 데이비스 박사의 소개를 통해 멍거와 운명적으로 만나게 됩니다. 멍거와의 만남을 계기로 버핏의 투자관은 완전히 바뀌었습니다. 그때까지 버핏은 그레이엄에게서 배운 대로, 내재가치와 비교했을 때 저평가된 종목을 찾는 데 주력해 왔습니다. 하지만 멍거는 우량기업이라면 가격에 연연하지 말라고 주장했습니다.

결국 버핏의 투자 원칙은 '우량하지 않은 기업을 대단히 싸게 매수하는 것보다, 싸지 않아도 대단히 우량한 기업을 매수하는 게 낫다'는 것으로 정리되었습니다. 초점이 주식의 가격에서 기업의 수익성으로 이동한 셈입니다. 버핏은 멍거와의 만남 이후로 다 쓰러져가는 섬유공장이 아니라, 전 세계로 뻗어가는 콜라 회사에 투자하게 되었습니다. 멍거가 아니었다면 꿈도 꾸지 않았을 일입니다.

버핏의 인생에 마지막으로 큰 영향을 준 인물은 빌 게이츠 Bill Gates입니다. 나이로 보면 빌 게이츠가 버핏의 아들뻘이지만, 두 사람은 뜻을 함께하는 소울메이트입니다. 빌 게이츠는 이미 오래전에 경영 일선에서 물러나 그동안 벌어들인 막대한 재산을 사회에 환원하는 데 주력하고 있습니다. 돈을 버는 것도 중요하시만 돈을 잘 쓰는 것도 정말 중요합니다. 버핏은 돈을 잘 벌 자신은 있지만, 빌 게이츠만큼 돈을 잘 쓸 자신은 없다고 스스로도 인정하고 있습니다. 버핏은 자신의 재산 99퍼센트를 기부하겠다고 발표했고, 그중 대부분을 빌 게이츠가 운영하는 재단에 기부하기로 약정했습니다.

버핏은 책과 사람을 통해 성공한 투자가가 되었습니다. 지금도 버핏은 누구보다 많은 책을 읽고 있고, 누구에게든 배우려 하고 있으며, 이런 자세를 취하는 것을 부끄러워하지도 않습니다. 멍거가 "버핏은 학습 기계다"라고 혀를 내두를 정도지요. 버핏은 투자자의 능력 범위 안에서 투자하는 것을 매우 중요하게 생각합니다. 최근에는 기술주인 애플Apple에도 투자한 것을 보면, 어느덧 90세를 바라보는 나이에도 그 능력 범위를 확장하고자 아직도 부단히 노력하는 것으로 보입니다. 버핏에 대해 쓴 책은 매우 많지만, 그 책

마다 버핏의 모습이 조금씩 다르게 나타나는 이유도 버핏이 한 지점에 안주하지 않고 계속해서 성장하고 진화하기 때문일 것입니다.

많은 사람이 큰돈을 벌고 싶다는 이유로, 성공하는 투자법을 배우고 싶다는 이유로 버핏에 관한 책을 읽습니다. 하지만 그보다도 더욱 중요한 것은, 버핏이라는 위대한 인물이 어떻게 살아왔는지 살펴보고 그를 통해 투자를 넘어서 인생의 지혜를 배우는 것이라고 생각합니다. 버핏에게 그레이엄과 필립 피셔의 책이 그랬듯이, 『더 클래식 워런 버핏』은 여러분의 인생에 결정적인 이정표를 제시해 주는 '인생책'이 될 것입니다.

밸류리더스 회장

신진오

목 차

서문 | 투자를 시작한 사람이라면 반드시 읽어야 할 인생   7

감수의 글 | 워런 버핏에게 배우는 투자와 인생의 지혜   12

1부 워런 버핏의 삶
11살에 투자에 입문한 소년

20세기의 전설적 투자자   27

'오마하의 현인'의 시작   31

소년, 사업에 뛰어들다   37

가치투자의 아버지, 그레이엄을 만나다   43

오마하의 주식중개인, 뉴욕의 펀드매니저   53

가치투자자로 성장하다   61

품질에 값을 지불하다   77

빅딜의 시작   85

버핏의 실수   93

갑부 반열에 오르다   103

2부 워런 버핏의 투자 철학
심플한 삶, 그보다 더 심플한 투자

1인자의 실적 | 워런 버핏은 대체 얼마나 벌었을까   117

4가지 질적 기준 | 지표를 결정의 기준으로 삼아라   127

전략 1 | 담배꽁초 전략 '마지막 한 모금'만 남은 기업을 매수하라   136

전략 2 | 안티 하이테크 전략

확실치 않은 최신 기술주에는 절대 투자하지 마라   140

전략 3 | 안티 분산화 전략 좋은 것도 넘치면 없는 것만 못하다   145

전략 4 | 20 찬스 투자 전략 투자 후에는 장기적으로 관망하라   148

전략 5 | 해자 전략 세상에는 망하지 않는 기업이 있다   151

전략 6 | 겁쟁이 전략 버핏이 투자를 시작하는 타이밍   154

전략 7 | 유동성 전략 플로트를 활용하여 투자하라   156

전략 8 | 인수 전략 전부 차지하거나 건드리지 말거나   159

부록

워런 버핏의 투자 적중률을 높이는 12가지 질문   163

더 클래식 워런 버핏 연대표   167

더 클래식 투자 용어 사전   173

미주   214

1부
워런 버핏의 삶

11살에
투자에 입문한 소년

나는 내가 부자가 될 것을 알았다.

단 한 순간도 의심하지 않았다.

20세기의
전설적 투자자

────────── 1930 ──────────

1930년 8월 30일, 워런 에드워드 버핏Warren Edward Buffett은 미국 네브래스카주 오마하에서 태어났다. 오마하는 네브래스카주에서 가장 큰 도시로, 미국의 경제 중심지인 동부나 서부 해안에서 한참 떨어져 있는 중서부 지역이다. 약 193만 명의 인구가 거주하고 있으며(2019년 기준) 미주리강 서안에 위치한 이곳을 기점으로 유니언 퍼시픽 철도Union Pacific Railroad가 대륙을 횡단하고 있다. 또한 골프장이 많은 것으로도 유명하다.

잘 알려져 있다시피 오마하에는 1년에 한 번씩 수만 명의 주식 투자자들이 몰려온다. 주식 투자자들의 우상, 워런 버핏이 탄생한 성지를 순례하고 버크셔해서웨이Berkshire Hathaway Inc.(이하 '버크셔')의 주주총회에서 '오마하의 신탁'을 듣기 위해서다.

이처럼 주식 투자자들이 워런 버핏에게 열광하는 이유는 무엇일까? 버핏은 아주 적은 종잣돈으로 투자를 시작했지만 수십 년 동안이나 '세계 10대 갑부' 자리를 놓치지 않을 정도로 전설적인 경지에 오른 인물이기 때문이다. 세계 각국의 주식 투자자들이 투자의 전설 워런 버핏에게 비법을 전수받고 싶어 하는 건 너무나 당연한 일이다.

일생에서든 투자에서든 버핏은 서두르는 법이 없다. 주주총회의 공식 순서를 마치면 그는 파트너 멍거와 함께 몇 시간 동안 주주와 애널리스트, 그리고 저널리스트와의 질의응답 시간을 갖는다. 버크셔의 열성 주주들을 위한 이 특별 서비스는 버핏의 위상을 한층 더 높여주었다. 이 때문에 버크셔의 주주총회는 수년 동안 투자자들에게 필수 코스

로 여겨지고 있으며, '주식 투자자들의 우드스톡Woodstock'
이라는 별명으로 불리고 있다(1969년 뉴욕주 교외의 한 농장에서
'3 Days of Peace&Music'이라는 구호 아래 열렸던 록 페스티벌을 말한다.
자본주의자들에게는 버크셔해서웨이 주주총회가 마치 록 페스티벌과도
같다는 뜻이다).

버핏에게 특별한 비법이 있었던 것일까? 투자가가 될 유전
자를 타고난 것일까? 투자의 귀재가 될 수 있도록 길을 터
준 훌륭한 스승이나 멘토가 있었던 것일까? 아니면 속담처
럼 단지 '준비된 자에게 찾아온 행운'을 붙잡았던 것일까?
이 책에서 이 질문에 대한 답을 찾길 바란다. 황당하다 싶
을 정도로 단순하고 명쾌한 버핏의 투자 전략을 통해 투자
에 대한 혜안을 얻을 수 있을 것이다.

오늘의 투자자는

어제의 성장으로 수익을 내지 않는다.

'오마하의 현인'의
시작

——— 1930~1940 ———

워런 버핏은 사업가 가문 출신이다. 버핏 가문은 오마하에서 대대로 식료품 사업을 해왔다. 그의 아버지 하워드 버핏 Howard Buffett 은 경제 공황이 세계를 강타했을 당시 오마하에 증권중개회사를 차렸다. 이는 버핏의 인생에 중대한 영향을 끼쳤다. 버핏은 시간이 날 때마다 아버지의 회사에 드나들면서 어깨너머로 일을 익혔고, 아주 어린 나이에 주식 투자의 세계에 발을 들여놓았다.

버핏은 다섯 살 때부터 숫자에 대해 흥미를 보이기 시작했다.[1] 꼬마 버핏은 부모님과 교회에서 예배를 드리는 동안 찬송가에 적혀 있는 작곡가나 작사가의 출생 연도와 사망 연도를 보고 생존 기간을 계산했고, 학교 친구 밥 러셀Bob Russel의 집 발코니에서 지나가는 차들을 구경하며 차량 번호를 적었다. 그들은 함께 대도시의 인구수를 외웠고, 숫자 외우기에 재미를 붙여 주거니 받거니 하며 인구수를 묻는 놀이를 하곤 했다. 러셀은 "내가 잘난 척하며 10개 도시의 인구수를 말하면, 워런은 이미 모든 도시의 인구수를 댈 정도로 총명했다"[2]라며 당시를 회상했다.

장난감도 숫자와 관련된 것들이 많았다. 고모 앨리스는 어린 꼬마 버핏에게 스톱워치를 선물로 사주었다. 버핏은 이 스톱워치로 욕조에 구슬을 떨어뜨렸을 때 배수구 마개 부분까지 도달하는 시간을 쟀고, 자신이 측정한 값을 정확하게 기록하는 놀이를 하며 하루를 보냈다.

그가 가장 좋아했던 장난감은 크리스마스 선물로 받았던 니켈 도금 동전 교환기였다. 그는 항상 동전 교환기를 가지고 다니면서 '작은 사업'을 할 때 사용했다.[3] 꼬마 버핏은 동전 교환기를 갖고 이 집 저 집 돌아다니며 코카콜라를 한 병당 5센트에 팔았고, 비슷한 방법으로 껌도 팔았다. 열 살 때는 오마하대학교 축구장에서 팝콘과 땅콩을 팔며 돈을 벌었다. 또한 버핏은 오마하 전역에 널린 골프장을 돌아다니며 친구들과 뛰놀았는데, 그들은 골프장 고객들이 잃어버린 골프공을 줍고 분류한 뒤 이 골프공들을 다시 팔아 이익을 남기기도 했다.

아버지 하워드는 자녀들이 10세가 되면 자녀들의 견문을 넓혀주기 위해 동부 해안 지역으로 여행을 가곤 했다. 아이들은 그곳에서 자신이 보고 싶은 것을 직접 결정할 수 있었는데, 어린 버핏은 보고 싶은 것이 너무 많아 특히나 고심했다고 한다. "나는 아버지에게 세 곳을 구경하고 싶다고 했다. 동전 및 우표 제조회사 스콧Scott, 라이어널 기차회사Lionel Train Company, 그리고 뉴욕증권거래소였다."[4]

버핏은 11살의 어린 나이에 주식 투자에 뛰어들었다. 그는 누나 도리스를 설득해 오클라호마주에 소재한 석유 및 천

연가스 회사 시티스서비스Cities Service의 우선주 3주에 투자하는 데 114.75달러를 썼다. 버핏은 그전부터 시티스서비스의 주가 변동 추이를 집중적으로 살펴보고 있었다. 물론 아버지가 시티스서비스 주식을 고객들에게 추천했다는 사실도 알고 있었다. 이는 어린 버핏이 어렵게 모은 돈을 투자하기로 마음먹게 된 결정적인 계기였다.

유감스럽게도 1941년 여름에 폭락장이 닥치면서 시티스서비스의 주가도 동반 하락했다. 주가는 삽시간에 30퍼센트나 하락했다. 이를 지켜보던 버핏과 도리스는 주가가 다시 반등하자 주당 5달러의 차익만 남기고 서둘러 주식을 팔았다. 사실 조금만 더 참고 기다렸다면 버핏 남매는 훨씬 더 많은 이익을 남길 수 있었을 것이다. 시티스서비스 주식은 꾸준한 회복세를 보였고, 버핏 남매가 부랴부랴 주식을 팔기 전보다 200달러나 더 올랐기 때문이다. 이처럼 버핏의 첫 주식 거래는 큰 성과를 남기지 못했지만, 그는 주식 투자를 계속했다.

또한 버핏은 자신의 '사업' 영역을 바꿨다. 버핏과 그의 친구들은 '아크-사르-벤Ak-Sar-Ben(거꾸로 하면 주 이름인 네브래스카Nebraska가 된다)'이라는 아랍풍 이름을 가진 경마장의 단골 손님이 되었다. 경마장에서는 베팅 쪽지를 가져가면 돈을 받을 수 있었는데, 이 꼬마들은 사람들이 버리고 간 베팅 쪽지를 주워 돈을 버는 사업을 했다.

버핏과 러셀은 경마장에서 돈을 벌 또 다른 아이디어를 생각해냈다. 바로 '베팅 제안 리스트'였는데, 베팅 제안 시스템을 개발해 리스트로 정리한 뒤 경마장 방문 고객들에게 '경마장 소년 컬렉션'이라는 이름으로 카탈로그를 판매하는 것이었다. 러셀은 "하지만 우리에게는 판매 허가권이 없었기 때문에 얼마 지나지 않아 판매를 금지당했다"[5]라고 당시 기억을 떠올렸다.

배에 물이 새어 들어오고 있다는 것을 알게 된다면

구멍을 막느니 차라리 배를 바꿔 타는 것이 낫다.

소년,
사업에 뛰어들다

1942년 미국 의회 선거가 실시되었다. 공화당원으로 활동
하던 하워드 버핏은 국회의원 선거에 출마했다. 가족들의
말에 의하면 대중에게 인기가 많은 민주당 후보에 맞설 만
한 인물이 없었기 때문에 하워드가 출마를 하게 되었다고
한다.[6] 버핏은 아버지의 당선을 위해 최선을 다하여 도왔
지만 아버지가 국회의원이 될 것이라고 기대하지는 않았
다. 아버지 하워드도 마찬가지였다. 선거 하루 전 그는 자
신의 패배를 인정하는 글을 준비하기까지 했다고 한다. 그

러고는 온 가족이 오후 9시에서 9시 반쯤 일찌감치 잠자리에 들었다. 선거 준비로 오랫동안 잠을 제대로 자지 못했기 때문이었다. 그러나 다음 날 아침 그들은 예상을 뒤엎는 당선 소식을 들었다.[7]

아버지의 당선은 12세 소년 버핏의 인생에서 하늘이 무너지는 듯한 큰 아픔을 주었다. 온 가족이 초선 의원인 아버지를 따라 워싱턴으로 이사를 해야 했기 때문이다. 안타깝게도 버핏은 새롭고 낯선 환경에서 잘 적응하지 못했다. 결국 버핏의 부모는 버핏을 몇 달 동안 할아버지와 고모 앨리스가 살고 있는 고향 오마하로 보내 그곳에서 방학을 보내도록 했다. 오마하에서 버핏은 다시 '사업'을 시작했다. "내가 이웃집에서 폐지와 신문지를 모아오면 고모가 차로 폐지 수거상까지 데려다주셨다. 그곳에서 나는 폐지 100파운드를 팔아 35센트 정도를 받았다."[8]

그리고 주말에는 할아버지의 식료품 가게에서 일을 했다. 여름방학이 끝날 무렵 버핏은 다시 워싱턴으로 돌아가야 했다. 처음에 그는 워싱턴에 정을 붙이지 못해 꽤나 애를

먹었지만, 이내 새 친구 두 명을 사귀었다. 반항심 가득한 나이였던 탓일까, 버핏은 자신과 함께 가출하자고 친구들을 부추기기도 했다. 물론 세 소년이 금방 경찰에게 붙잡히면서 이 '모험'은 허무하게 끝났다.

학교생활 역시 순탄치 못했다. 이 시기 버핏은 성적도 나빴고 행동도 불량했다. "당시 나는 질풍노도의 시기를 겪었다. 내가 실패한 인생을 살 거라고 말하는 선생님들도 있었다."[9] 버핏은 잠자고 있던 자신의 '사업 능력'을 다시 끌어내, 《워싱턴포스트Washington Post》와 《타임스헤럴드Times Herald》의 신문배달원 자리를 구했다. 그는 신문을 배달하며 달력도 함께 팔았는데 이 장사는 벌이가 꽤나 쏠쏠했다. 버핏은 달력을 팔 때마다 1센트씩 저축을 했다. 14세에 모은 금액은 1200달러나 되었고, 그 돈으로 네브래스카주에 위치한 16헥타르 규모의 농장을 구입할 수 있었다.

중간 정도의 성적으로 중학교를 졸업한 버핏은 1945년 봄에 우드로윌슨고등학교에 입학했다. 다행히 그곳에서는 빨리 친구를 사귈 수 있었다. 그는 새로 사귄 친구 도널드 댄리Donald Danley와 함께 새로운 사업 영역에 뛰어들었다. 두 사람은 중고 핀볼 머신을 구매해 이발소에 설치했다. 두 사람은 이 사업을 '윌슨 코인오퍼레이티드머신 컴퍼니Wilson-Coin Operated Machine Company'라고 이름 붙였고, 여기서 발생하는 수입을 이발사와 절반씩 나눠 가졌다. 사업은 날로 번창했다. 버핏은 "언젠가 일주일에 50달러를 벌 날이 올 것이라고 생각했다"라며 당시를 떠올렸다.[10]

이어 버핏은 오마하에서 소규모로 시작했던 중고 골프공 판매를 재개했다. 이는 일종의 전문성을 필요로 하는 사업이었다. 이제 그는 더 이상 골프장 물웅덩이에 떨어져 있는 공을 찾으러 돌아다니지 않았다. 그 대신 이런 공을 싼값에 사서 한 개당 20퍼센트의 마진을 남기고 팔았다. 또한 그는 우표 수집가들에게 우표를 팔고 세차장에서 일하면서 돈을 벌었다. 이렇게 열심히 일한 결과 그는 15세의 어린 나이에 2000달러를 벌 수 있었다. 당시 청소년에게는 꽤 큰돈이었다.[11]

버핏의 학교생활은 다시 좋아졌다. 고등학교를 졸업하던

해인 1947년 여름, 그는 전교생 374명 중 16등을 했다. 우드로윌슨고등학교 연보에 실린 버핏의 사진 밑에는 '수학을 좋아하는 (…) 장래의 주식중개인'[12]이라는 말이 쓰여 있다. 이 시기 버핏이 저축한 금액은 무려 9000달러에 달했다.[13]

주가 변동을 적으로 보지 말고 친구로 보라.

어리석음에 동참하지 말고

그것을 이용해서 이익을 내라.

가치투자의 아버지,
그레이엄을 만나다

---- 1947~1951 ----

고등학교 졸업장을 받은 버핏은 펜실베이니아대학교 와튼 비즈니스스쿨 경제학과에 진학했다. 이는 순전히 아버지의 뜻을 따른 결정이었다. 당시 버핏은 대학 진학이 탐탁지 않았는데, 대학 공부가 '쓸데없는 짓'이라고 생각했기 때문이었다. "나는 내가 하려는 일에 대해 잘 알고 있었다. 게다가 먹고살 만큼 돈도 벌어놓았다. 대학 공부는 내게 아무런 도움이 되지 않았다."[14]

부모님의 강요에 못 이겨 들어간 대학이었기 때문에 버핏은 학업에 흥미를 붙이지 못했다. 다행히 카메라 같은 놀라운 기억력을 가진 덕분에 그에게 공부는 그다지 어려운 일이 아니었다. "나는 큰 페트병에 든 펩시콜라를 마시면서 저녁에만 공부를 해도 100점을 받는 사람이었다."[15] 잠시 여담 하나를 하고 넘어가겠다. 여러분은 워런 버핏이 얼마나 콜라를 많이 마셨는지 알면 깜짝 놀랄 것이다. 그는 코카콜라에 투자하면서부터 즐겨 마시는 음료를 코카콜라로 바꿨다. 코카콜라는 버핏 덕분에 돈 한 푼 들이지 않고도 최고의 광고 효과를 보고 있다. 버크셔 주주총회에서도 버핏은 항상 코카콜라의 음료를 여러 병 마시곤 한다.

버핏은 대학 공부는 너무 이론적이어서 현장에서 익히는 돈 버는 법과는 거리가 멀다고 생각했다. 버핏에게는 자신의 사업을 확장시킬 시간이 충분했다. 그는 오랜 친구 도널드 댄리와 함께 고물상에서 350달러를 주고 20년 된 롤스로이스를 샀다. 도널드는 이 차를 깨끗하게 고쳤다. 그리고 두 사람은 근거리 드라이브를 다니다가 1회당 35달러에 차량 렌트 사업을 하는 데 이 차를 사용했다.[16]

1948년 말 하워드 버핏은 3선 의원에 도전했으나 실패했다. 부모님이 고향으로 돌아가자 버핏은 필라델피아에서의 대학 생활을 정리하고 링컨 소재의 네브래스카대학교로 옮겼다. "나는 더 공부하고 싶은 마음이 전혀 없었다. 네브래스카가 나를 부르고 있었기 때문에 나는 미련 없이 와튼 비즈니스스쿨을 그만두었다."**17**

버핏은 네브래스카대학교를 조기 졸업했다. 그는 1949년 겨울 학기에 다섯 과목, 1950년 여름 학기에 여섯 과목을 수강해 여름 학기가 끝나자마자 곧바로 경영학 학사 학위를 받을 수 있었다. 하루 일과는 수업으로 꽉 차 있었지만 그 와중에도 시간을 잘게 쪼개 사업을 계속했다. 그는 중고 골프공 판매를 재개했고, 여름 학기에는 오마하의 J. C. 페니 신사용품점에서 판매원으로 근무했다. 오후에는 《링컨 저널Lincoln Journal》에서 일했다. 이번에 그는 신문배달원이 아니라 구역 관리자로 취직하여 네브래스카주 남부의 여섯 개 구역을 감독하고 관리하는 일을 했다.

이런저런 일을 해서 20세 청년 버핏이 모은 돈은 무려

9800달러에 달했다.[18] 그렇다면 이 돈을 주식에 투자하는 편이 낫지 않았을까? 그러나 버핏은 무작정 다른 사람들의 조언을 따르지 않았다. 그는 자신만의 투자 전략을 찾고 있었다. 그는 주식 정보 서비스를 정기 구독하고 기술적 분석 방법, 이를테면 차트 분석에 관한 서적을 읽었다. 그리고 지역 도서관에서 자료를 검색하던 중 우연히 벤저민 그레이엄의 책 『현명한 투자자』를 발견했다. 이 책은 이후 버핏의 인생에 지대한 영향을 끼쳤다. "나는 광신도가 되려는 마음은 없었다. 그런데 이 책은 마치 초현실적인 종교처럼 나를 사로잡았다."[19]

한때 버핏의 룸메이트였고 나중에 매형이 된 트루먼 우드 Truman Wood는 "워런은 마치 신을 영접한 듯했다"[20]라고 말하며 그가 얼마나 이 책에 푹 빠져 있었는지 회고했다.

버핏은 대학 공부에 점점 재미를 느꼈다. 재미가 없었다면 그는 석사 과정에 들어가기로 결정하지 않았을 것이다. 그는 명성 높은 하버드비즈니스스쿨에 지원했으나 아쉽게도 불합격 통보를 받았다. "나는 하버드 면접관과 10분 동안 인터뷰를 했다. 그는 내 능력을 높이 평가했지만 결과적으로 나를 떨어뜨렸다."[21]

버핏은 불합격 소식에 실망했지만 자신의 계획을 포기하지 않았다. 차선책을 찾던 중 그는 뉴욕 컬럼비아대학교의 소개 책자를 우연히 보게 되었다. 교수진 명단에는 마치 운명처럼 '벤저민 그레이엄'과 '데이비드 도드David Dodd'라는 이름이 쓰여 있었다. 그레이엄의 열렬한 팬이었던 버핏은 곧장 컬럼비아대학교 석사 과정에 지원하기로 결심했다. "그해 8월 나는 데이비드 도드에게 입학 지원서를 제출했다. 강의가 시작하기 불과 몇 달 전이었고, 지원서를 제출하기에는 너무 늦은 시점이었다. 당시 내가 지원서에 뭐라고 썼는지 기억도 나지 않는다. 나는 오마하대학교에서 컬럼비아대학교 소개 책자를 본 순간, 벤저민 그레이엄과 데이비드 도드가 올림포스산에 앉아 언젠가 반드시 죽게 될 보잘것없는 인간을 내려다보고 있는 듯한 느낌을 받았다. 컬럼비아대학교에서 받아주기만 한다면 나는 당장이라도 달려갈 준비가 되어 있었다. 어쨌든 이것은 관례를 벗어난 지극히 비공식적인 지원서였다."[22]

버핏은 입학 지원서를 뒤늦게 제출했으나 면접도 거치지 않고 1950년 컬럼비아대학교 겨울 학기 대학원 과정에 합격했다. 그는 가치투자 이론의 창시자 그레이엄과 도드에게 가르침을 받을 준비가 되어 있었다. 그는 『현명한 투자자』도 이미 읽어놓았다. 아니, 읽은 정도가 아니라 달달 외우는 수준이었다. "나는 무언가에 빨려 들어가고 있는 것 같았다. 이 책에 열광하는 사람이라면 내가 경험한 이 이상한 느낌을 이해할 수 있을 것이다."[23]

버핏의 입학 지원서가 깊은 인상을 남긴 것인지, 데이비드 도드는 첫날부터 세미나 수업에서 그에게 개인적으로 인사를 건넸다. 이후 도드는 모범생 버핏을 친히 집에 초대해 가족에게 소개하기까지 했다. 그레이엄의 수업에서 버핏은 탁월한 실력을 보여줬고 그레이엄의 교수 생활 22년 만에 최초로 A$^+$의 학점을 받은 학생이 되었다.[24] 하지만 도드와 달리 그레이엄과는 개인적인 친분을 쌓지 못했다. "모든 사람이 그레이엄을 존경했고 그와 친해지고 싶어 했다. 하지만 나는 그레이엄과 가까워질 기회가 없었다."[25]

대학원 공부는 워런 버핏의 경력에 큰 전환점이 되었다. 컬럼비아대학교에서 그는 자신의 인생에 중대한 영향을 끼친 사람들을 만났다. 그중에는 세쿼이아펀드Sequoia Funds의 설립자이자 성공한 투자가인 빌 루안Bill Ruane, 프레드 스탠백Fred Stanback, 월터 슐로스Walter Schloss, 톰 냅Tom Knapp 등이 있었다. 버핏은 컬럼비아대학교에서 만난 새 친구들과 함께 벤저민 그레이엄 세미나에서 매수해 수익을 얻었다는 주식들과 추천해준 주식들에 대해 공부하며 몇 시간이고 토론을 하곤 했다.

대학원 과정을 마칠 무렵 버핏은 우상처럼 우러러봤던 벤저민 그레이엄이 창업한 그레이엄-뉴먼 투자회사Graham-Newman Corporation에 지원했다. 심지어 그는 무보수로도 일할 의향이 있었다. 그러나 그레이엄은 버핏에게 불합격을 통보했다. "그레이엄은 내게 '워런, 월스트리트의 대형 투자은행에서는 아직도 유대인을 받아주지 않는다네. 이 회사는 직원이 많이 필요하지 않네. 그래서 나는 유대인만 고용하지'라고 말했다. 나는 그의 의중을 알아들었다."**26**

1951년 여름, 버핏은 경제학 석사 학위를 받고 다시 고향으로 돌아갔다.

지금의 증권 분석을 만든 남자, 벤저민 그레이엄

벤저민 그레이엄은 1894년 5월 9일 영국 런던에서 태어났다. 1895년에 그의 부모님이 뉴욕으로 이민을 오면서 유대인식 성인 그로스바움Grossbaum을 영어식인 그레이엄Graham으로 개명했다. 대학 졸업 후 그는 1914년 뉴욕의 증권중개회사인 뉴버거, 헨더슨앤드드러브Newburger, Henderson & Loeb에서 경력을 쌓았고, 불과 5년 만에 파트너로 승진했다. 1926년 전 세계가 불황에 빠졌을 당시에는 '제롬뉴먼자산운용사Jerome Newman'를 설립했다.

1928년에는 뉴욕 컬럼비아대학교의 교수로 초빙되었다. 교수로서 그는 동료 데이비드 도드와 함께 기본적 분석Fundamental Analysis, 일명 '가치투자 이론'을 발전시켰다. 62세가 됐을 때 일선에서 물러나 은퇴 생활을 하다가, 1976년 9월 21일 82세의 일기로 프랑스의 엑상프로방스에서 세상을 떠났다.

분산투자는 자신이 무엇을 하고 있는지

잘 모르는 투자자에게만 알맞은 투자법이다.

오마하의 주식중개인,
뉴욕의 펀드매니저

—— 1951~1956 ——

버핏은 오마하에서 부모님이 계신 곳으로 돌아갔다. 그렇지만 1950년 하워드 버핏이 하원 의원 선거에서 당선되면서 그의 부모님은 다시 워싱턴으로 이사했다. 버핏은 오마하 국립은행에서 제의해온 일자리를 거절했고, 아버지의 주식중개회사 버핏-포크앤드컴퍼니Buffett-Falk&Company에서 주식중개인으로 일하며 사회인으로서 첫발을 내디뎠다.

그는 자신의 고객들에게 그레이엄의 가치투자 이론을 기

준으로 물색한 주식들을 열심히 권했다.[27] 그중에는 자동차 보험을 전문적으로 취급하는 미국의 보험회사 가이코GEICO의 주식도 있었다. 가이코는 비대면 영업 방식으로 자동차 보험을 판매하는 회사였고, 회사명(Government Employees Insurance Company)에서 드러나듯 공무원을 대상으로 하고 있었다. 비록 가이코의 시장 점유율은 1퍼센트 미만이었지만, 버핏은 이 회사가 엄청난 성장 잠재력을 갖고 있다고 분석했다. 그는 가이코의 주가가 현재는 42달러지만 5년 후에는 80달러, 내지는 90달러로 두 배가량 뛸 것이라는 전망을 조심스럽게 내놓았다.[28] 가이코가 그레이엄-뉴먼 투자회사 대주주이고, 사장이 벤저민 그레이엄이라는 사실에 아마 신뢰가 가기도 했을 것이다. 수십 년간 월가에서 활동하며 오랫동안 버핏을 취재해온 경제 기자 로저 로웬스타인Roger Lowenstein은 당시 버핏의 무모한 투자를 이렇게 평가했다.

"버핏은 (…) 이 주식(가이코)에 무려 1만 달러를 투자했다. 그동안 그가 모은 돈의 전부나 다름없는 큰 액수였다. 버핏은 여전히 의심을 떨쳐버리지 못하고 있던

오마하 지역 고객들에게 끈질기게 투자를 권했다. 다
행히 이 투자로 다음 해 그는 50퍼센트의 수익을 거두
었다."[29]

한편 그는 싱클레어 주유소를 매입해 사업을 벌이기도 했
다. 그러나 안타깝게도 이 투자는 실패로 끝나고 말았다.
"주유소에 투자한 건 한심한 짓이었다. 이것 때문에 나는
2000달러를 날렸다. 당시 나에게 2000달러는 꽤 큰돈이었
다. 그전까지 나는 이만큼 심한 상실감에 시달려본 적이 없
었다. 정말 속이 쓰렸다."[30] 하지만 개인적으로는 인생이
꽃피는 시기를 보냈다. 1952년 버핏은 약혼녀 수전 톰프슨
Susan Thompson과 결혼해 작은 집으로 이사했다. 1953년 7월
30일 버핏 부부는 첫딸 앨리스를 얻었고, 행복을 만끽했다.

하지만 버핏은 주식중개인이라는 직업에 점점 싫증을 내
고 있었다. 그가 애써 분석한 내용들을 제대로 써먹지 못
하고 있었기 때문이다. 주식 분석에 투자한 시간과 상관없
이 중개수수료는 항상 똑같았고, 고객들에게 자신의 투자
운용에 대해 일일이 설명해 줘야 한다는 사실에도 지쳐갔

다. "나는 늘 고객과 이해관계를 같이하려고 했다. 나는 내가 신뢰할 수 없거나 보유하지 않은 주식은 절대 고객에게 권하지 않았다. 한편 어떤 종목을 매수할 때 고객에게 알리지 않는 경우도 있었다. 물론 누군가 물어보는 사람이 있으면 답을 해주긴 했다. 다만 나는 이런 방식으로 일하는 것을 좋아하지 않았다. 나는 고객들과 이해관계를 같이하는 동업자가 되고 싶었고, 내가 하는 일을 고객들이 이해해 주길 바랐다. 하지만 주식중개인은 원래 그런 식으로 일하지 않는다."[31]

버핏은 옛 스승인 벤저민 그레이엄과 관계를 끊지 않고, 마음속으로 그레이엄이 자신을 찾을 날을 기다리고 있었다. 1954년 중반, 드디어 그에게 기회가 왔다. "그레이엄이 나한테 돌아오라고 편지를 보내왔다."[32] 얼마 지나지 않아 버핏은 뉴욕행 비행기에 올랐고 1954년 8월 2일, 그는 그레이엄-뉴먼 투자회사에서 새 일자리를 찾았다. 아내와 딸 앨리스는 한 달 후 뉴욕으로 왔다. 그의 가족은 뉴욕 교외에 있는 화이트플레인스로 이사했는데, 그곳에서 수전과 버핏은 둘째 아들 하워드 그레이엄Howard Graham을 얻었다.

그레이엄-뉴먼 투자회사는 비서와 사장을 포함해 전 직원 수가 여덟 명밖에 되지 않는 작은 회사였다. 전 직원이 연구소 가운처럼 생긴 회색 재킷을 입었다. 버핏은 "내가 회사 재킷을 받는 위대한 순간이 찾아왔다. 모두가 똑같은 재킷을 입었다. 벤저민 그레이엄도 다 같은 재킷을 착용했다. 똑같은 재킷을 입은 우리는 모두 동등한 위치에 있었다"[33]라고 당시 기억을 떠올렸다.

그레이엄-뉴먼 투자회사는 잘 알려지지 않은 소형주를 전문으로 다루는 회사였다. 이러한 주식들의 주가는 주가장부가치Bookvalue Per Share(BPS)의 3분의 1 미만으로, 말도 안 되게 싼값이었다.[34] 그레이엄은 이를 '담배꽁초'라고 표현했다. 쉽게 말해 사람들이 피우다가 버린 주식들이었다. 그레이엄-뉴먼 투자회사는 이런 담배꽁초들을 모아 '마지막 한 모금'을 빨아내는 데 선수였다. 직원들은 무디스Moody's와 스탠더드앤드푸어스Standard&Poor's(이하 'S&P')에서 발행하는 주식 정보지를 철저히 분석해, 미리 작성해 놓은 양식에 기업 수치만 적어 넣었다. 그러면 그레이엄이 어떤 담배꽁초를 주워 더 피우고 또 어떤 담배꽁초는 버릴지를 결정했다.

버핏은 그레이엄이 퇴짜 놓은 기업들의 주식을 꼼꼼히 검토하면서 이런 기업들에 개인적으로 투자하곤 했다.

그레이엄-뉴먼 투자회사는 이런 담배꽁초 주식들을 다량 혹은 소량으로 매수했다. 그중 몇몇 종목은 기껏해야 1000달러 미만으로 매수한 것이었다. 하지만 버핏은 이처럼 지나치게 분산화된 포트폴리오 전략을 별로 좋아하지 않았다. "그는 분산투자한다는 말을 들으면 다른 데로 시선을 돌려버렸다."[35] 몇 년 후 버핏은 특유의 화법으로 주주들에게 이렇게 자문했다. "한 사람에게 배우자가 40명이나 있으면 누가 누군지 알아보기 힘들다."

버핏은 많은 것을 기대하고 그레이엄-뉴먼 투자회사에 들어왔지만, 모든 것이 만족스럽기만 한 것은 아니었다. "그레이엄은 직원들과 항상 일정한 거리를 두었다. 모두가 그를 좋아했다. 모두가 그를 존경했고 그의 주변에 있길 원했다. (…) 하지만 아무도 그와 가까워질 수 없었다."[36] 버핏은 그레이엄이 리스크가 큰 투자를 주저하는 것이 못마땅했지만, 그가 보유하고 있던 펀드는 500만 달러에 불과했기 때문에 사실 큰 투자를 할 여력이 없었다.

하지만 버핏의 운용 능력은 탁월했다. 1년 반 후 그레이엄
은 그를 파트너에 버금갈 정도로 대우해 주었다. 버핏의 전
기 작가 앨리스 슈뢰더Alice Schroeder는 이에 대해 "그레이
엄-뉴먼 투자회사에서 버핏은 뛰어난 실력을 입증하며 다
크호스로 떠올랐다"라고 기술했다.[37] 버핏이 그레이엄-뉴
먼 투자회사에서 2년째 근무하던 해, 벤저민 그레이엄은
61세의 나이로 은퇴를 결심했다. 그레이엄은 회사를 청산
했고, 이를 계기로 버핏과 그의 가족은 다시 오마하로 돌아
갔다.[38]

썰물이 빠졌을 때에야

비로소 누가 발가벗고 헤엄쳤는지 알 수 있다.

가치투자자로
성장하다

1956~1969

사실 이 시기에 버핏은 스승 그레이엄을 따라 은퇴할 작정이었다. "당시 내 수중에는 약 17만 4000달러가 있었다. 나는 그 돈으로 노후를 보낼 생각이었다. 나는 오마하의 언더우드 5202번지에 175달러짜리 월셋집을 얻었는데, 당시 1년 생활비는 기껏해야 1만 2000달러였다. 게다가 내 재산은 계속 불어나고 있었다."**39**

하지만 26세의 젊은 나이에 은퇴를 하는 것은 지나치게 이른 감이 없지 않았다. 결국 버핏은 독립하기로 결심했고, '버핏어소시에이츠Buffett Associates Limited'라는 투자조합을 설립했다. 또한 그는 오마하대학교에서 '투자 분석과 현명한 투자', '여성을 위한 투자' 등의 강의를 진행했다.

버핏은 투자조합에서 대표조합원 직책을 맡아 100달러로 지분에 참여했다. 그리고 가족이나 오랜 친구들의 투자를 받아 총 10만 5000달러의 출자금을 마련했다. 하지만 경영권을 독점하고 싶었던 버핏은 동업자들이 투자 결정 과정에 개입하는 것을 원치 않았다. "나는 내 돈을 굴리듯 자산을 운용한다. 투자에서 수익이 나든 손실이 나든 이는 전적으로 내 책임이다. 그렇기 때문에 나는, 당신들의 돈을 어떻게 굴리는지 절대 알려주지 않을 것이다."[40]

물론 투자조합의 수익 및 리스크 배분에 대해서는 명확하게 규정되어 있었다. "나는 투자 수익률이 4퍼센트를 초과할 때만 초과 수익금의 4분의 1을 운용 보수로 챙겼다. 그미만일 때는 운용 보수를 받지 않았다. 투자에서 손실이 발생한 경우에 변상하지도 않았다."[41]

그런데 이 기간 동안 손실은 단 한 번도 발생하지 않았다. 오히려 반대로, 처음 5년 동안 투자조합의 누적 수익률은 무려 251퍼센트에 달했다. 버핏은 매년 다우존스 산업 평균 지수Dow Jones Industrial Average(이하 '다우지수') 대비 초과 수익을 거두곤 했다. 실제로 버핏은 5년 동안 다우지수 대비 세 배의 투자 수익을 기록했다.[42] 버핏의 성공 사례가 널리 퍼지면서 그의 주변에 투자자들이 몰려들었다. 그는 기존의 투자조합, 즉 버핏어소시에이츠에서 추가로 출자하는 대신 별도의 독립적인 투자조합을 설립했다.

이 시절 버핏은 매우 저평가된 종목들만 골라 투자했다. 그는 그레이엄-뉴먼 투자회사에서 배운 대로 담배꽁초 기업과 저평가된 종목들만 찾아내 투자조합의 자본으로 주식을 사들였다. 대표적인 예가 보험사 내셔널아메리칸파이어National American Fire Insurance로, 버핏은 수천 개의 기업 정보가 적힌 『무디스 매뉴얼Moody's Mannual』에서 이 회사를 발견했다. 당시 이 회사의 주식은 제1차 세계대전 후 큰 위기를 맞아 휴지 조각이나 다름없는 상태였다. 하지만 내셔널아메리칸파이어는 위기를 극복하고 재기에 성공해, 당시

29달러의 주가순이익Earnings Per Share(EPS)을 올리고 있었다. 버핏과 동업자 댄 모넨Dan Monen은 비밀첩보 작전을 펼치며 원래 농민들이 100달러에 매입한 주식들을 몰래 사들였다.[43] 이렇게 하여 버핏과 모넨은 농민들의 장롱 속에 처박혀 있던 내셔널아메리칸파이어 주식의 10퍼센트를 끌어모아 10만 달러가 넘는 수익을 챙겼다. 이는 버핏이 최초로 대성공을 거둔 투자였다.[44]

그레이엄-뉴먼 투자회사에서 배운 대로 버핏은 최신 기술 기업에 대한 투자는 기피했다. 이에 대해 버핏은 "나는 신기술에 대한 지식이 부족하기 때문에 잘 아는 분야에만 투자한다"라고 밝혔다. 다만 신기술주에 대한 투자를 무조건적으로 기피하는 것이 아니라는 점에서 버핏과 그레이엄의 투자 방식에는 차이가 있었다. '본인이 잘 아는 분야에만 투자하라'는 버핏의 핵심 투자 원칙은 여기서 유래했다.

1958년 버핏은 오마하의 파르남 거리에 있는 고급 주택을 3만 1550달러에 구입했다. 이 일을 두고 버핏은 '버핏스 폴리Buffett's Folly'라고 일컬었는데, 번역하면 '버핏의 얼간이 짓'

이란 뜻이다. 이 호화 주택을 마련하는 데 거금을 지출해 어려움을 겪었기 때문이다. 그러나 아직까지도 버핏이 이 저택에 살고 있는 것으로 보아, 이것 또한 충분한 계산 끝에 투자한 행위라는 사실을 짐작할 수 있다. 새 집으로 이사한 후 버핏의 둘째 아들 피터가 태어났다.

1959년 여름, 버핏은 평생의 동업자 찰리 멍거를 만났다. 투자조합 데이시파트너십Dacee Partnership Ltd.의 투자자 중 한 사람인 닐 데이비스Neal Davis와 버핏의 처남이었던 리 시먼Lee Seeman이 버핏과의 식사 자리를 마련했는데, 마침 이 자리에 데이비스의 죽마고우인 찰리 멍거도 초대를 받은 것이다. 멍거는 하버드법학대학원을 졸업한 후 캘리포니아주에서 변호사로 활동하고 있었지만 그 역시 오마하에서 태어나 성장기를 보낸 사람이었다. 버핏과 멍거는 단번에 자신들이 서로 잘 통한다는 걸 알아차렸다. 시먼 부부와 데이비스가 식사 자리를 떠난 후에도 두 사람은 그 자리에 남아 계속 대화를 나눴다. 이렇게 첫 대화를 나눈 후 두 사람은 지속적으로 연락을 하며 지냈고, 그로부터 몇 년 후 세계에서 가장 성공적인 동업자 듀오로 활약했다.[45]

1961년 초반 버핏이 설립한 투자조합들의 총 자산은 700만 달러에 달했다. 이 시기 버핏의 지분 가치는 100만 달러였다. 투자조합원 수는 7명에서 90명으로 늘어났다. 이후 버핏은 전격적으로 구조 조정을 실시했다. 1962년 초반 그는 11개의 투자조합을 해체하고 이를 하나의 조합으로 통합했다. 이 투자조합이 바로 '버핏파트너십Buffett Partnership Limited', 약어로 BPL이다. 버핏은 집에서 멀지 않은 곳에 위치한 키위트플라자빌딩에 사무실을 임대해, 아버지의 주식중개회사 사무실과 공간을 공유했다. 이때 그는 오마하대학교에서 투자 강의를 진행할 때 사귄 지인을 직원으로 고용했고, 전 재산이나 다름없는 45만 달러의 개인 자산을 버핏파트너십에 투자했다. 이렇게 하여 버핏은 새로 설립한 투자조합 지분의 14퍼센트를 소유할 수 있었다.[46]

1960년대 초반 버핏은 다시 공격적으로 '담배꽁초'를 물색하기 시작했다. 가령 네브래스카주 베아트리체에 소재한 풍차 제조사 뎀스터밀매뉴팩처링Dempster Mill Manufacturing(이하 '뎀스터')의 주식은 주당 18달러에 거래되고 있었다. 하지만 뎀스터의 BPS는 72달러에 이르렀으며 꾸준한 상승세를 보이고 있었다. 버핏파트너십은 이를 높이 평가해 뎀스터에 대한 경영권을 인수했고, 버핏은 멍거의 조언에 따라 신임 대표이사로 해리 보틀Harry Bottle을 영입했다. 하지만 보틀은 파격적인 정리 해고와 인력 감축을 감행했고, 이 일로 베아트리체에서 버핏과 보틀은 '무자비한 청산인'이라는 악명을 얻게 되었다.

1962년 말부터 뎀스터에 수익이 발생하기 시작했다. 기다렸다는 듯 버핏이 뎀스터의 매각을 공시하자 직원들의 분노는 폭발했다. 하는 수 없이 투자조합은 창업주의 손자인 찰스 뎀스터Charles Dempster에게 약 300만 달러에 뎀스터를 매각했다. 이 거래로 버핏과 그의 동업자들은 200만 달러가 넘는 수익을 챙겼지만, 평소 주변의 평판에도 신경을 써 왔던 버핏은 이 사건 이후 두 번 다시 정리 해고를 하지 않았다.[47]

1962년 버핏과 버핏파트너십은 섬유기업 버크셔의 주식을 사들였다. 담배꽁초 이론에 의하면, 버크셔의 주식 매수는 수익이 기대되는 투자였다. 버크셔의 BPS는 16.5달러

였고, 주가는 7.65달러였다.[48]

버핏파트너십 설립 후 버핏은 담배꽁초 이론과는 다른 방식으로 주식을 평가하기 시작했다. 1963년 아메리칸익스프레스American Express(이하 '아멕스')의 주가는 바닥을 치고 있었다. 당시 아멕스는 샐러드유로 가득 찬 창고를 담보로 잡아 6000달러를 대출해 주었는데, 사실 그 샐러드유의 대부분이 바닷물이었던 것이다. 그리고 부정한 방법으로 돈을 빌려간 회사는 파산해 버렸다. 이 사실을 발표하자 주가가 절반 수준으로 급락하고 만 것이다. 이 시점에서 아멕스 주식을 매수한다는 것은 리스크가 매우 큰 투자였다. 버핏은 지역 은행과 상점을 대상으로 시장 조사를 실시해, 샐러드유 스캔들에도 불구하고 아멕스에 대한 고객들의 신뢰가 무너지지 않았다는 사실을 확인한 뒤 주저하지 않고 1300만 달러를 아멕스에 투자했다. 이후 아멕스의 주가는 회복되었고, 버핏파트너십은 무려 2000만 달러에 달하는 막대한 투자 수익을 챙길 수 있었다.[49] 그레이엄의 가치투자 이론을 원론대로 추종하는 사람들과는 달리, 버핏은 투자 여부를 결정할 때 브랜드 가치와 같은 정량적으로 평가하기 힘든 '질적인 지표'도 함께 고려한 것이다.

1965년 버핏의 아버지 하워드 버핏이 세상을 떠났다. 아버지에 대한 효심이 각별했던 그는 매우 큰 상실감을 느꼈다. 아버지를 추모하기 위해 사무실 벽에 초상화를 걸어놓을 정도였다. 같은 해 버핏파트너십은 담배꽁초 전략으로 주식을 매수해 버크셔에 대한 경영권을 인수했다. 그러나 버크셔에 대한 투자는 완전히 오판이었다. 버핏도 자신의 실수를 인정했다. "나는 버크셔의 담배꽁초를 모으기 위해 거액을 투자했다. 하지만 지금 생각해 보면 버크셔를 인수하지 않는 편이 훨씬 더 좋았을 것이다."**50**

1966년 봄 버핏은 멍거, 샌디 고츠먼Sandy Gottesman과 함께 디버시파이드리테일링Deversified Retailing Company Inc.(이하 'DRC')을 설립했다. DRC의 사업 목표는 '소매기업 인수'였다. 그들이 처음으로 인수한 기업은 호크실드콘백화점Hochschild Kohn으로, 일부는 대출까지 받아 매수를 단행했다. 버핏에게는 매우 이례적인 투자였지만, 멍거는 대출로 자금을 조달해 비즈니스를 한 경력이 있었다. 그로부터

몇 년 후 DRC는 어소시에이티드코튼숍Associated Cotton Shop
과 함께 여성 의류를 전문으로 하는 백화점 체인들을 인
수했다.[51]

1960년대에 버핏은 보험사 내셔널인뎀니티National Indemnitiy
와 경품권 발행업체 블루칩스탬프스Blue Chip Stamps의 주식
을 잇달아 매수했다. 내셔널인뎀니티와 블루칩스탬프스는
영리하게도 플로트Float(부동자금)를 이용해 수익을 내는 회
사였다. 내셔널인뎀니티는 보험 사건이 발생해야 보험금을
지급했고, 블루칩스탬프스는 경품권 장부에 푸른색 경품권
을 완전히 채워야 경품권을 발행했다. 모두 고객들에게 먼
저 현금을 받아 마음대로 사용하고 나중에 돌려주는 식이
었다. 버핏은 이렇게 끌어모은 돈을 고객들에게 이자 한 푼
지급하지 않고 수익을 낼 수 있는 플로트 사업에 투자해
돈을 벌었다. 플로트를 이용할 수 있는 기업을 인수하는 순
간, 또 다른 원대한 사업 아이디어가 탄생했던 것이다.

이어서 버핏은 일리노이내셔널뱅크/록퍼드Illinois National
Bank/Rockford와 함께 수익성이 가장 높으리라 예상되는 은

행 한 곳을 인수했다. 이어 1969년에는 오마하선Omaha Sun Newspaper과 워싱턴먼슬리Washington Monthly라는 두 곳의 신문사를 인수했다.[52] 운 좋게도 1973년 오마하선은 소년원 '보이스 타운' 기부금 사기 사건에 관한 기사로 퓰리처상을 수상했다. 이 사건은 스펜서 트레이시Spencer Tracy가 주연한 「소년의 거리Boys Town」로 영화화되어 오스카상을 수상하기도 했다. 이처럼 버핏은 신문사 투자에서도 대성공을 거두며 본격적으로 미디어 업계 투자에 뛰어들었다.

또한 버핏은 디즈니에도 400만 달러를 투자했다. 당시 디즈니의 주가수익비율Price Earning Ratio(PER)은 10배로, 투자자의 입장에서는 매우 매력적인 수치였다. 이 투자에서 버핏은 유형 가치뿐만 아니라 무형 가치에도 주목했는데, 그는 디즈니의 영화 아카이브가 주가에 비해 가치가 있다고 평가했다.[53]

이 시기 미국에서는 소위 '대박을 터뜨리는' 주식 거래 건수가 급증했다. 하이테크 열풍은 기업의 인수 합병 물결로 이어졌다. 당시 많은 회사가 특정 사업 부문을 떼어내 주식을 발행했는데, 이를 '트래킹 주식Tracking Stock(타깃스톡Target Stock이라고도 한다. 외부 업체 인수 자금 모집을 위해 발행되는 경우가 많아 피인수 업체의 이니셜을 따서 'A주식'으로 불리거나 '등록 주식', '알파벳 주식' 등으로도 불린다)'이라고 한다. 이때는 주식 시장 전체가 투기로 뜨거워졌다. 하지만 이러한 소위 '호경기'에는 거품이 기승을 부리다가 어느 시점이 되면 모두 터져 없어져버리기 마련이다. 다우지수 역시 주가 변동으로 요동쳤다.[54] 버핏은 이 행렬에 뛰어들지 않았다. 그는 치고 빠지는 단타 매매로 시세 차익을 챙기는 투기꾼이 아니었다. "나는 이런 '투기'에 동참하고 싶지 않을뿐더러, 영웅심에 불탄 나머지 제대로 알지도 못하는 게임을 하면서 정상적으로 얻을 수 있는 투자 수익마저 놓치고 싶지 않다."[55]

버핏은 1969년 말 투자조합인 버핏파트너십을 해체했다. 이로써 버크셔와 DRC를 제외한 BPL의 모든 투자 사업이 정리되었다. 그는 동업자들에게 버핏파트너십에 투자했던 출자금을 버크셔의 주식이나 DRC의 주식으로 양도하여 보상하겠다고 제안했다. 1969년 12월 5일 동업자들에게 보낸 서한에서 그는 "나는 주식 투자가 장기적으로 안정적인 수익을 올릴 것이라 믿는다. 내 자산의 대부분을 여기에 투자하게 되어 기쁘다"라고 썼다. 한편 그는 동업자들에게 다음과 같이 말했다. "내가 동업자 여러분께 추천하고 싶은 사람이 있다. 샌디 고츠먼과 빌 루안이다. 둘은 정말 훌륭하고 진실한 사람들이다. 나는 이들의 투자 수익률뿐만 아니라, 가장 중요한 부분이라 할 수 있는 투자 성공 비결도 알고 있다."[56]

1968년 투자조합의 자산은 총 1억 400만 달러로 늘어났다. 버핏은 버크셔 주식의 일부를 매수해 현재 약 29퍼센트의 주식을 보유하고 있으며, DRC에도 지분을 갖고 있다.[57]

빌 루안과 샌디 고츠먼

빌 루안은 워런 버핏이 평생 단 한 번 자신의 고객들에게 추천했던 펀드인 '세쿼이아 펀드'를 운용한 인물로, 버핏과는 그레이엄 교수의 세미나에서 친분을 쌓았다. 그는 미네소타대학교에서 전기공학을 전공했고, 졸업 후 미국의 대기업 제너럴일렉트릭General Electric에 입사했다.

하지만 그는 입사한 지 얼마 되지 않아 하버드비즈니스스쿨에서 학업을 계속하기 위해 퇴사했다. 이때 그레이엄 교수의 세미나에서 버핏과 처음 만났다. 졸업 후 루안은 20년 넘게 키더피보디 투자은행Kidder Peabody&Co.에서 근무했다. 1969년에는 투자회사를 설립해, 버핏파트너십이 해체된 후 한때 사업 파트너였던 버핏의 조언으로 '세쿼이아펀드'를 출시했다. 세쿼이아펀드는 성공적이었고 S&P 500 지수 대비 초과 수익을 올렸다. 루안은 79세의 나이에 뉴욕에서 암으로 세상을 떠났다.

샌디 고츠먼은 1926년 4월 26일 뉴욕에서 태어났다. 1964년 그는 뉴욕에 퍼스트맨해튼 투자자문회사First Manhattan를 설립했으며, 샌디는 초창기부터 버크셔에 투자해 2003년 버크셔 이사회 이사로 임명되었다.

적당한 회사를 아주 저렴한 가격에 사는 것보다

훌륭한 회사를 적당한 가격에 사는 것이 더 낫다.

품질에 값을
지불하다

───────────── 1970~1978 ─────────────

버핏이 버핏파트너십을 해체했다고 해서 주식 투자에서
완전히 손을 뗀 것은 아니었다. 그는 버크셔와 DRC의 주
식을 계속 매수했고, 블루칩스탬프스를 자신의 소유로 인
수했다. 1970년대 초 버핏 가문은 버크셔(거의 36퍼센트의 지
분)뿐만 아니라 DRC(44퍼센트의 지분)에 대한 경영권도 갖고
있었으며, 또한 직·간접적으로 블루칩스탬프스의 대주주
였다.[58]

이 시기의 버크셔는 이미 섬유기업이라고 할 수 없었다. 버핏이 이사회 의장으로 당선되었을 당시 총 열네 곳이었던 섬유 공장 중 단 두 곳만 남은 상태였다.[59] 1985년에는 마지막 남은 섬유 공장마저 문을 닫았고, 버핏은 1960년대 중반 이후 버크셔를 금융 및 투자지주회사로 확장시키며 다양한 투자 활동을 전개했다. 버크셔의 자회사로는 수익성이 높은 보험 회사 내셔널인뎀니티, 일리노이내셔널뱅크와 록퍼드뱅크, 주간지《오마하선》 등이 있었다. 여성복 체인 어소시에이티드코튼숍과 호크실드콘백화점의 수익은 여전히 DRC의 소유였지만 파트너십 관계는 아니었다. 버핏파트너십 해체 당시 동업자들은 버크셔 혹은 DRC의 주식으로 보상을 받았지만, 파트너십이 해체된 이후에도 이들은 버핏에게 자산 운용을 맡기며 관계를 유지했다.[60]

버핏파트너십 해체 후 최대 규모의 기업 인수는 로스앤젤레스 소재의 사탕 및 초콜릿 제조사 씨즈캔디See's Candies였다. 버핏은 블루칩스탬프스의 회장 빌 램지Bill Ramsey로부터 씨즈캔디의 매각 계획을 듣게 되었다. 블루칩스탬프스의 지분을 갖고 있었던 버핏과 멍거는 오랜 협상 끝에 블루칩스탬프스를 통해 씨즈캔디를 2500만 달러에 매수했다. 두 사람은 브랜드, 좋은 평판, 상표권, 제한 없는 가격전가 능력 등의 내재가치Intrinsic Value를 보고 장래성이 있다고 판단해 최종적으로 매수를 결정했다. 멍거는 '씨즈캔디 인수는 훌륭한 선택이 될 것'이라며 버핏을 설득했고, "우리가 품질에 대해 값을 지불하는 것은 처음이었다"[61]라고 덧붙였다. 이에 버핏은 '염가 매수 전략'에서 방향을 전환하기로 했다며 다음과 같이 자신의 의견을 밝혔다. "우량하지 않은 기업을 대단히 싸게 매수하는 것보다 싸지 않아도 대단히 우량한 기업을 매수하는 것이 훨씬 나은 전략이다."[62]

환호성이 터지던 호황기가 지나자 금세 주가가 하락하는 베어마켓Bear Market(약세장)이 형성되었다. 1972년 다우지수는 1000포인트를 돌파한 후 꾸준히 하락해, 1974년에는 616포인트를 기록했다. 주가는 급락했으나 버핏은 평정심을 잃지 않았다. 그는 투자 활동을 게을리하지 않았고, 미국의 경제 전문지《포브스Forbes》와의 인터뷰에서 "지금 주식 시장은 섹스에 굶주린 사내가 사창가를 방문한 것과 같다. 지금이야말로 투자하기에 절호의 찬스다"
라고 답했다.**63**

버핏은 그다음으로 큰 규모의 회사 매수 역시 블루칩스탬
프스를 통해 멍거와 의논하여 진행했다. 1972년 버크셔
는 블루칩스탬프스를 통해 웨스코파이낸셜 투자지주회사
Wesco Financial(이하 '웨스코') 주식의 8퍼센트를 매수했다. 웨스
코는 저축은행까지 소유하고 있던 회사였다. 버핏은 BPS
보다 50퍼센트 낮은 가격으로 거래되고 있던 이 회사의 주
식을 그야말로 헐값에 매수했다. 그런데 이듬해 1월 웨스
코는 샌타바버라파이낸셜Financial Corporation of Santa Barbara이라
는 저축은행과의 합병 계획을 발표했다. 버핏과 멍거는 합
병 소식을 듣고 절망에 빠졌고, 즉시 웨스코의 대표에게 연
락을 취했다. 버핏은 업주의 딸이자 대표인 엘리자베스 피
터스Elizabeth Peters와의 오랜 협상 끝에 합병 계획을 취소시
키는 데 성공했다. 합병이 좌절되자 웨스코의 주가는 떨
어졌다. 블루칩스탬프스는 합병 취소 전 가격으로 주주들
의 지분에 대해 보상해 주었다. 그리하여 블루칩스탬프스
는 1974년 중반 웨스코의 지분 다수를 얻을 수 있었다. 하

지만 이 일로 버핏과 블루칩스탬프스는 SEC(미국 증권거래위원회)의 조사를 받았다. SEC는 블루칩스탬프스가 웨스코를 인수하기 위해 의도적으로 합병을 좌절시켰다는 의혹을 제기한 것이다. 그러나 조사를 시작한 지 2년 후 SEC는 이를 종결된 것으로 간주했다. 블루칩스탬프스는 경고장과 11만 5000달러 상당의 손해배상 청구서를 받았지만, 다행히 버핏에게는 어떠한 법적 조치도 취해지지 않았다.

이 조사를 계기로 교훈을 얻은 버핏은 버크셔, DRC, 블루칩스탬프스 등 자신이 운용하고 있던 투자조합들에 구조 조정을 실시했다. 그는 버크셔에 웨스코를 통합시켰고, DRC와 버크셔를 합병했다. 이제 버크셔만 남은 것이다. 한편 멍거는 자신이 소유하고 있던 DRC 지분에 대한 보상으로 버크셔 주식 2퍼센트를 받으면서 버크셔의 부회장으로 임명되었다.[64]

웨스코 매수와 동시에 버핏은 《워싱턴포스트》의 우선주(소위 B주식)를 매수했다. 《워싱턴포스트》 지분율이 12퍼센트에 달하게 됐을 즈음, 버핏은 오찬 자리에서 워싱턴포스트컴퍼니Washington Post Company의 상속인이자 회장인 케이 그레이엄Kay Graham을 알게 되었다. "나는 그녀가 보통주(A주식)를 전부 소유하고 있음에도 나를 경계하고 있다는 걸 느낄 수 있었다."[65]

그날 오후 버핏은 케이 그레이엄에게 그녀의 동의가 없이는 워싱턴포스트 주식을 추가 매수하지 않겠다고 약속했다. 이 일로 버핏은 케이 그레이엄의 신임을 얻었고 두 사람은 절친한 사이가 되었다. 1974년 가을 그는 워싱턴포스트컴퍼니의 이사회 임원으로 임명되기도 했다. 케이 그레이엄 회장 재임 시절(1971~1993) 워싱턴포스트컴퍼니는 22.3퍼센트의 누적 연 수익을 달성하며 S&P 500지수 대비 최고의 초과 수익을 기록했다.[66]

반면 1970년대 초반 가이코는 적자로 돌아섰다. 가이코의 주식 시세는 1972년 61달러에서 1976년 2달러로 급격히 하락했다. 그럼에도 버핏은 가이코에 계속 투자하길 원했고, 이런 위기가 닥쳐와도 가이코의 사업 모델을 믿고 투자를 이어갔다. 게다가 그는 가이코의 신임 회장 존 번

John Byrne이 턴어라운드Turnaround를 성공시킬 것이라고 확신했다. "번은 닭장에 타조 알을 넣고 '여성 여러분, 이런 상황에는 경쟁심이 끓어오르지요'라고 말한다."[67] 버크셔는 1976년부터 1980년까지 가이코에 총 4700만 달러를 투자했다. 1980년에는 실제 투자 금액이 1억 500만 달러에 달했다.[68]

하지만 이때 버핏의 가정 생활은 그다지 평탄하지 않았다. 버핏 부부는 별거 중이었고 수전은 샌프란시스코로 이사를 한 상태였다. 버핏은 수전과 긴 시간을 통화한 끝에 자신이 이 상황을 힘겨워하고 있다는 사실을 깨달았다. 그는 "수전은 25년 동안 내 정원의 따스한 햇살이자 시원한 단비와 같은 존재였다"[69]라며 누나 도리스에게 자신의 속마음을 털어놓았다. 이혼 후 수전은 자신의 친구 아스트리드 멘크스Astrid Menks에게 버핏을 돌봐달라고 부탁했다. 이에 1978년 5월 멘크스가 버핏의 집으로 들어갔지만 버핏은 도저히 수전과 이혼할 수 없었다. 둘의 혼인 관계는 계속 유지되었고, 공식석상에서는 항상 수전이 버핏의 곁을 지켰다.

장기적인 관점으로 주식에 투자해야 돈을 번다.

이렇게 하면 실수할 일이 없다.

빅딜의 시작

1979~1989

1970년대 후반 버핏은 또 한 번의 빅딜을 치렀다. 그중 하나가 버펄로이브닝포스트Buffalo Evening Post 인수였다. 버펄로이브닝포스트는 원래 워싱턴포스트컴퍼니의 케이 그레이엄에게 인수를 제의했지만 그레이엄은 이를 거절했다. 그러자 버핏과 멍거가 덤벼들었다. 두 사람은 블루칩스탬프스를 통해 355만 달러에 버펄로이브닝포스트를 매수했다. 버핏이 인수 이후에 《버펄로이브닝포스트》 일요일 신문을 무상으로 제공하는 서비스를 시행하자, 경쟁사 쿠리어익스프레스Courier Express는 즉각 이들을 고소했다. 그들은 버펄로이브닝포스트가 불법 독점 체제를 구축하려 한다며 비난했다. 오랜 법정 싸움과 파업으로 버펄로이브닝포스트는 막대한 손실을 입었지만, 그것은 쿠리어익스프레스도 마찬가지였다. 결국 큰 손실을 입은 쿠리어익스프레스는 1982년 사업을 접고 말았다. 반면 버펄로이브닝포스트는 이후 5년 동안 총 1억 5000만 달러 이상의 흑자를 기록했다.[70]

1983년 버핏은 북아메리카 지역 최대 가구 유통사 네브래스카퍼니처마트Nebraska Furniture Mart를 인수했다. 이는 1937년 로즈 블룸킨Rose Blumkin이라는 러시아계 이민자가 설립한 회사로, 그녀는 '박리다매'라는 할인점 판매 원칙을 초창기에 적용해 성공한 경우였다. 로즈 블룸킨은 'B여사'라고도 불렸다. 버핏은 1960년대부터 이미 B여사의 상점에 관심을 갖고 있었지만, 단호한 블룸킨 여사에게 매번 거절을 당하곤 했다. 그러니 1983년 네브래스카퍼니처마트의 매각 소식을 듣자마자 버핏이 달려든 건 당연한 일이었다. 매수 금액 5500만 달러에 90퍼센트의 지분을 인수하기로 합의를 본 후 버핏은 "B여사, 제가 당신에게 할 말이 있습니다. 오늘이 제 생일입니다"라고 말했다. 그러자 블룸킨은 "생일날 유전을 샀군요"라고 맞받아쳤다고 한다.[71]

결과적으로 그녀의 말은 옳았다. 버크셔의 회계사가 조사한 결과, 네브래스카퍼니처마트는 총 8500만 달러의 가치가 있는 것으로 확인되었다. 버핏은 이 회사의 경영을 전 소유주인 블룸킨 가족에게 모두 맡겼다. 한편 같은 시기 버핏은 오마하 소재의 보석상 보샤임Borsheims을 인수했는데, 이 역시도 블룸킨 가족에게 경영을 맡기며 신뢰를 보였다.

1987년 월스트리트의 투자은행 살로몬브러더스Salomon Brothers가 '기업 사냥꾼'들로 말미암아 적대적 매수의 위협을 받고 있을 때, 버핏은 자신이 높이 평가하던 살로몬브러더스의 은행장 존 굿프렌드John Gutfreund의 부탁으로 살로몬브러더스 우선주에 7억 달러를 투자했다. 전에 가이코가 난관에 봉착했을 때 굿프렌드가 버핏을 도와준 적이 있었기 때문이다. 주식 시장이 워낙 호황기라 주가가 높아서 저가 매수를 하기 어려운 시절이었기 때문에, 버핏은 자신이 보유하고 있던 주식을 상당수 매도해 막대한 규모의 현금을 보유하고 있었다. 버핏에게 살로몬브러더스 주식 매입은 리스크가 거의 없는 투자였다. 결국 버핏은 이 투자로 15퍼센트의 수익을 올렸다.[72] 물론 이 건을 진행하기 전, 버핏은 1982년 블루칩스탬프스를 버크셔에 합병시켰다. 1980년대 말 버크셔는 '포천Fortune 500대 기업'으로 선정되었는데, 그때 직원 수는 고작 11명이었다.[73]

1985년 버핏은 사상 최대 규모의 미디어기업 합병 사업에 참여했다. 친구였던 미디어 기업 캐피털시티스Capital Cities의 회장 토머스 머피Thomas Murphy가 버핏에게 ABC방송 추가 매입에 참여해 달라고 부탁한 것이다. 담당 감독관청인 미 연방통신위원회는 버핏이 ABC방송을 매입할 경우 이해관계가 충돌할 것이라고 판단해 버핏에게 워싱턴포스트 이사회 임원직에서 사퇴하기를 요구했고, 캐피털시티스와 ABC방송에 관심이 많았던 버핏은 즉시 이를 받아들였다.[74]

버핏은 51억 7500만 달러를 지불하고 캐피털시티스의 주식 300만 주를 새로 매입했다. 이는 캐피털시티스 총 주식의 15퍼센트에 해당하는 수치였다. 당시 캐피털시티스의 주가는 203달러였다. 하지만 15퍼센트의 안전마진은 보통 20~25퍼센트의 안전마진이 확보되어야 투자하는 가치투자자들에게는 비교적 좋은 조건이 아니었다. 버핏은 "벤(벤저민 그레이엄)이 저 위에서 내 결정을 칭찬해 줄지 의문이었다"라고 농담하기도 했다.[75] 하지만 버핏은 토머스 머피 회장의 능력을 신뢰하고 있었다. 버핏은 "머피가 없었더라면 나는 캐피털시티스와 ABC방송에 투자하지 않았을 것이다"[76]라고 말했다.

1986년에는 건설 서비스, 출판, 금융 등 다양한 영역의 상품을 제조하고 판매하는 복합 기업 스콧앤드피처Scott&Fetzer Company를 3억 1520만 달러에 인수했다. 막대한 현금을 보유하고 있던 버핏은 이 기업도 헐값에 인수했는데, 해가 갈수록 수익이 꾸준히 늘었다. 그렇게 버핏은 몇 년 만에 원금을 회수했다.[77]

주식 시장이 붕괴된 1987년은 어떤 기업이라도 저가에 매수할 수 있는 시기였다. 이때 버핏은 코카콜라의 주식을 매수하기로 결심했다. 그는 자신의 전략을 모방하는 사람이 생기지 않도록, 비밀리에 코카콜라 주식을 매입해 주가가 폭등하게 만들었다. 버핏은 1989년 2월 29일이 되어서야 버크셔의 주주서한을 통해 코카콜라 주식 1400만 주를 매수했다고 공식 발표했다.[78]

사실 가치투자자의 관점에서 코카콜라 주식은 그다지 투자 매력이 높은 종목이 아니었다. 주가매출비율Price Sales Ratio(PSR)은 5배, PER은 15배였다. 버핏은 다음과 같은 비유로 코카콜라를 매수한 이유를 밝혔다. "당신이 10년 동안 여행을 하고 있다고 가정해 봅시다. 당신은 한 종목에만 투자하려고 합니다. 그런데 앞으로 10년 동안 시장이 성장할 것이라고, 그리고 현재 시장의 선두주자가 앞으로도 줄곧 그 자리를 놓치지 않을 것임을, 더 나아가 세계 시장을 선도하고 생산량이 폭발적으로 증가할 것임을 당신이 너무나 잘 알고 있다면 어떤 기업이 떠오르십니까? 코카콜라밖에 없지 않습니까? 저는 여행에서 돌아왔을 때 이 기업의 매출은 지금보다 훨씬 더 많이 오를 것이라 확신합니다."[79]

정기 주주총회 방문 팁

버크셔의 주식을 보유하고 있거나 추가로 매수해 오마하에서 열리는 정기 주주총회에 방문하려는 독자에게 다음과 같은 팁을 전한다.

주주총회 전날(버크셔 주주총회는 전통적으로 5월 첫째 주 토요일에 개최된다) 보샤임에서 버크셔 주주들만을 위한 파티가 열린다. 이때 주주들은 대폭 할인된 가격으로 보석을 구매할 수 있다. 물론 매상을 올릴 목적으로 하는 행사가 아니다. 정기 주주총회가 끝난 후에는 대형 가구 시장에서 '네브래스카퍼니처마트 버크셔 피크닉Nebraska Furniture Mart's Berkshire Picnic' 행사가 열린다.

상대적으로 가격이 낮은 버크셔 B주식을 보유한 주주들에게도 정기 주주총회에 방문할 자격이 주어진다. 여기서 더욱 놀라운 것은, 주주들은 세 명의 동반자를 데리고 갈 수 있다는 것이다!

진짜 위험은

자신이 무엇을 하는지 모르는 데서 온다.

버핏의 실수

—————— 1989~1999 ——————

1989년 말 '오마하의 현인' 버핏도 오판을 할 수 있다는 사실이 밝혀졌다. 이 시기 미국 주식 시장은 연일 주가가 상승하는 불마켓Bull Market(강세장)이었다. 오래전부터 버핏은 투자를 할지 말지 머뭇거리고 있었다. 그럼에도 지갑은 점점 두둑해지고 있었기 때문에 결국 사고를 치고 만 것이다. "몸이 근질거렸다. 불현듯 무슨 일이 일어날 것 같다는 생각이 들었다. 다른 사람들은 더 이상 손대지 않는 일을 시도하고 싶은 마음에 엉덩이가 들썩거렸다."[80]

버핏은 총 13억 달러를 질레트Gillette, 유에스에어US Air, 제지회사 챔피언Champion의 전환 사채에 투자했다. 그러나 질레트를 제외한 모든 투자가 실패로 돌아갔다. 버핏은 버크셔 주주서한에서 자신의 실수를 인정한다는 글을 남겼다. "이 투자를 해야 한다고 나를 부추긴 사람은 없었다. 테니스 용어로 말하자면 나는 '자책점'을 범한 셈이었다."[81]

버핏은 샌프란시스코 소재의 대형 은행 웰스파고Wells Fargo에 투자할 때 또 한 번의 '자책점'을 범한 듯 했다. 1990년 버핏은 부동산 위기의 직격탄을 맞은 웰스파고의 PER이 5배일 때 10퍼센트의 주식을 매수했다. 버핏은 칼 리차드 Carl Reichardt 웰스파고 회장이 탁월한 사업가이자 비용 절감에 능하다는 사실을 알았기 때문에 이 은행의 장래성을 믿고 있었다. 부동산 위기는 예상보다 오래 지속되었지만 웰스파고는 위기를 넘기고 회복했다. 다행히 부동산 위기가 진정될 무렵 웰스파고의 주가는 3.5배 상승했고 투자자들은 수익을 챙길 수 있었다.[82]

1990년대 버핏은 '월스트리트에서 온 살로몬브러더스 은행의 구세주'로 대서특필되었다. 살로몬브러더스는 한 직원의 불법 행위와 지나치게 많이 지급된 상여금으로 총체적인 난국에 빠져 있었다. 살로몬브러더스는 감독관청인 SEC와 사법부의 조사를 받으며 국채 전문 딜러 허가를 박탈당할 위기에 처해 있었다. 힘겨운 협상 끝에 버핏은 살로몬브러더스를 구제하기 위한 방안으로 임시 회장직을 맡기로 했다. 당시 버핏의 활약은 지금도 전설처럼 회자되고 있다. 이 일을 계기로 버크셔 주주총회 전날마다 버핏의 살로몬브러더스 인수에 관한 짧은 필름이 상영되고, 매년 버핏은 살로몬브러더스의 경영 위기에 관해 인상적인 의견을 남기곤 한다.

당시 정부는 살로몬브러더스에 대한 소송 취하를 승인했다. 그러나 살로몬브러더스는 1억 9000만 달러 상당의 배상금을 변제하고, 배상 기금으로 1억 달러를 지불해야 했다. 1992년 봄이 되어 살로몬브러더스의 주가가 회복되었을 때에야 버핏은 회장직을 내려놓을 수 있었다. 버핏은 협상에서 신경전을 벌이느라 온 에너지를 빼앗겼으나, 그 덕분에 명성을 거머쥘 수 있었다. 이 일은 버크셔 주가에도 긍정적인 영향을 끼쳤다.[83] 1992년 6월 9100달러였던 버크셔의 주가는 1993년에 1만 7800달러로 급등했다.[84]

한편 1992년 초반 버핏은 경영난에 빠진 미국의 방위산업체 제너럴다이내믹스General Dynamics의 주식 430만 주를 매입했다. "지난여름 나는 더치 옥션dutch auction으로 제너럴다이내믹스 주식의 30퍼센트를 재매입했다. 그전까지 제너럴다이내믹스는 내 관심 밖에 있던 기업이었다. 그런데 차익 거래 가능성이 보였다. (⋯) 그 후 나는 이 기업과 빌 앤더스Bill Anders 회장 재임 시절 단기간에 이룬 성과를 집중 연구했다. 그 안에서 발견한 가능성에 나는 숨이 막힐 듯했다." 버핏의 판단은 옳았다. 빌 앤더스는 턴어라운드를 성공시켜 고액의 특별 배당금을 주주들에게 지급하게 되었고, 이에 버핏은 18개월 만에 무려 116퍼센트의 총수익을 거뒀다.[85]

1994년 버핏은 가이코의 잔여 주식 52퍼센트를 23억 달러에 매수했다. 또한 버핏은 디즈니에 캐피털시티스와 ABC 방송을 매도하여 수익을 올렸다. 이 거래로 버크셔는 20억 달러를 벌었다. 이는 투자 원금의 4배에 달하는 엄청난 액수였다.

1996년 버핏은 기자 회견에서 버크셔에 새로운 등급의 주식을 발행하겠다는 계획을 밝혔다.[86] 이것이 바로 '버크셔 B주식'이다. '베이비 비Baby B'라고도 불리는 B주식은 고가인 A주식의 1500분의 1 가격으로 매수가 가능하지만, 의결권에 제한이 있다. 버핏은 B주식을 발행해 소액 투자자들에게도 버크셔의 수익 행렬에 동참할 수 있는 기회를 제공했다. 동시에 그는 버크셔의 포트폴리오를 모방해 자신들이 거둔 수익에 살짝 숟가락을 얹는 이들에게도 혜택을 누릴 수 있게 했다. 그 때문에 버핏과 멍거가 B주식 매수에 경고를 보냈는데도 B주식에 대한 수요는 매우 많았다.[87]

1998년부터는 대대적인 기업 매수 투어를 시작했다. 그해 봄 버핏은 패스트푸드 체인 데어리퀸Dairy Queen을 인수했다. 데어리퀸은 22개국에 약 6000개의 체인점을 보유한 세계 최대 규모의 패스트푸드 기업이다. 버크셔는 약 5억 9000만 달러에 데어리퀸을 사들였다. 또 같은 해에 업무용

항공기 대여 회사 넷제츠NetJets를 7억 2500만 달러에 인수했다. 넷제츠를 인수하기 위해 버핏은 (지금도 여전히 그러지만) 당시 최대 지분을 보유하고 있던 기업을 자극했다.

그러나 아직 최대 규모의 딜이 남아 있었다. 버핏은 재보험사(한 보험회사가 인수한 계약의 일부를 다른 보험회사에 인수시키는 것으로, 일종의 '보험을 위한 보험'이다) 제너럴리인슈어런스General Reinsurance Corporation에 220억 달러를 투자했다. 약칭 '제너럴리'라고 불리는 이 기업과의 비즈니스에는 눈여겨볼 만한 부분이 있다. 버핏이 버크셔의 주식만으로 이 회사를 인수했다는 것이다. 제너럴리를 인수하던 날, 버크셔 주가는 8만 900달러로 역대 최고치를 경신했다. 버핏의 인수 행렬은 이것으로 끝나지 않았다. 그해 10월 버핏은 에너지 공급업체 미드아메리칸에너지MidAmerican Energy Holding Company의 주식 75퍼센트를 20억 달러에 인수했다(70억 달러의 부채 포함).**88**

그러나 버핏에게도 위기가 닥쳤다. 1990년대 말 코카콜라 주가가 바닥을 치자, 코카콜라에 8퍼센트의 지분을 소유하고 있던 버크셔에도 손실이 발생한 것이다. 버핏은 코카콜라 이사회의 임원으로, 코카콜라 주식을 계속 사들이고 있었다. 그러던 차에 프랑스와 벨기에에서 코카콜라를 마신 어린이들이 복통을 호소하고 구역질을 하는 등 '독극물 타이레놀' 같은 사태가 발생했다. 더글러스 아이베스터Douglas Ivester 신임 회장은 처음에는 아무 대응도 하지 않다가, 나중에 마지못해 사과문을 발표했다. 언론의 입장에서는 코카콜라, 그중에서도 특히 이사회 임원이었던 워런 버핏을 집중 공격하기 딱 좋은 꼬투리를 잡은 셈이었다. 게다가 아이베스터 회장이 1억 1500만 달러의 기록적인 퇴직금을 받고 물러난 사실이 밝혀지면서 버핏의 명성은 바닥으로 떨어졌다.

버핏이 공인으로서 인사 관리 결정을 너무 쉽게 내린다는 비판이 거세지자, 버핏은 "아닙니다. 절대 쉽게 내린 결정이 아닙니다. 처음이나 지금이나 가슴이 아픕니다"라고 답했다.[89] 항상 주변의 평판에 신경 쓰고 이를 사업의 방향으로 삼아왔던 버핏에게 이 사건은 치명타였다. 버핏은 "좋은 평판을 얻기까지는 20년이 걸리지만 잃는 것은 5분도

채 걸리지 않는다. 이 말을 명심하는 사람은 다르게 행동할 것이다"라고 덧붙였다.

버핏의 버크셔 주주서한

주주총회가 열리기 전 버핏은 그 유명한 '버크셔 주주서한'을 발송한다. 평범한 문장으로 쓰인 이 서한에는 지난 사업 연도의 실적과 버핏의 매수 및 매도에 관한 소식이 간략하게 정리되어 있다. 특히 포트폴리오와 버크셔의 발전 전망에 대한 의견이 주목할 만하다. 주주서한은 주주가 아니라도 무료로 볼 수 있다.

* 버핏의 주주서한 아카이브

www.berkshirehathaway.com/letters/

만약 당신이 인류에서 상위 1퍼센트에 속해 있다면,

나머지 99퍼센트의 타인들에게 빚을 지고 있는 것이다.

갑부 반열에
오르다

1990년대 말 인터넷 거품이 터지면서 증시는 불황에 빠졌
으나 버핏은 건재했다. 나스닥NADAQ 지수는 순식간에 50퍼
센트 이상 하락했다. 버핏은 자신이 잘 모르는 분야에는 투
자하지 않는 원칙이 있었기 때문에 인터넷 관련 종목에는
투자하지 않았다. 선밸리에서 진행한 강연에서 버핏은 당
시 자신이 기술주에 투자하지 않은 이유를 다시 한번 명확
히 밝혔다(버핏은 현재도 일부 기술주만 선별해 투자하고 있다). "한
때 자동차 제조업체 수가 2000개에 달했습니다. 자동차는

말할 필요도 없이 20세기 전반기에 가장 중요한 혁신적 상품이겠지요. (…) 불과 수십 년 전 2000개에 달했던 자동차 제조업체 중 지금 남아 있는 업체는 단 3개뿐입니다. (…) 20세기 전반기에는 또 하나의 혁신이 있었습니다. 1919년과 1939년 사이에 약 200여 개의 항공기 제조업체가 생겨났죠. (…) 하지만 몇 년 전부터 항공기 업계에는 투자해 봤자 돈을 벌 수 없다는 의견이 지배적입니다."**90**

인터넷 거품, 이른바 '닷컴 버블'이 터진 뒤 투자 분위기는 다시 호전세로 돌아섰다. 당시 버크셔는 막강한 자본력을 갖추고 있었기 때문에 버핏은 적극적으로 투자에 나섰다. 2000년 버핏은 주얼리 체인 벤브라이드Ben Bride와 페인트회사 벤저민무어페인트Benjamin Moore Paint를 인수했다. 2002년에는 속옷을 주로 생산하는 의류 회사 프루트오브더룸Fruit of the Loom을 8억 3500만 달러에 인수하면서 농담조로 "우리는 대중의 엉덩이에 속옷을 입힌다"라고 말하기도 했다(우습게도 이 어쭙잖은 농담은 현실이 되었다. 몇 년 전부터 버크셔 주주총회에 참석하는 주주들은 버핏과 멍거의 얼굴과 캐릭터가 인쇄된 속옷을 구매할 수 있게 되었기 때문이다).

같은 해 버핏은 아동복 브랜드 가란Garan과 주방용품 직거래기업 팸퍼드셰프The Pampered Chef를 인수했다. 한편 그는 케른리버가스파이프라인Kern-River-Gas-Pipeline과 부동산 중개서비스업체 홈서비스오브아메리카Home Services of America, 그리고 세계적인 에너지 공급업체 칼에너지필리핀스CalEnergy Philippines를 10억 달러에 인수해 버크셔의 자회사 미드아메리칸에 편입시켰다.[91] 이어 2003년에는 이동식 주택 및 건축업체 클레이턴홈즈Clayton Homes를 인수했다. 2004년 버크셔는 《포브스》 선정 세계 2000대 상장 기업 중 14위를 차지했다. 이때 자회사를 포함한 버크셔의 직원 수는 17만 2000명이었고, 연 매출은 562억 2000만 달러, 수익은 69억 5000만 달러를 기록하고 있었다.[92]

그러나 이듬해인 2004년 7월 29일, 버핏을 슬픔에 빠뜨린 사건이 발생했다. 아내 수전이 암으로 세상을 떠난 것이다. 버핏은 아내와 떨어져 산 지 수십 년이 넘었음에도 아내의 죽음을 견디기 힘들어했다.

버핏은 예나 지금이나 매우 검소하게 산다. 이는 그가 엄청난 부를 쌓을 수 있었던 비결이기도 하다. 이보다 더 놀라운 소식은, 2006년 버핏이 향후 몇 년에 걸쳐 버크셔 주식의 85퍼센트(발표 당시 370억 달러 가치)를 사회 재단에 기부하겠다고 발표한 것이다. 그중에는 '빌앤드멀린다게이츠 재단Bill & Melinda Foundation'도 포함되어 있었다. "나는 빌 게이츠가 탁월한 이성과 바른 목표를 갖고 있다고 확신한다. 그는 열정과 진심을 다해 성별, 종교, 피부색, 출신을 가리지 않고 전 세계인의 운명을 개선시키는 일에만 집중할 것이다. 그는 이 기부금을 오로지 대중을 위해 사용할 것이다. 내 돈이 어디에 쓰일지 훤히 보이기 때문에 나는 이번 결정을 내리는 것이 전혀 어렵지 않았다."

그해 8월 버핏은 동거하던 여성인 아스트리드 멘크스와 결혼식을 올렸다. 주식을 기부하겠다는 발표를 한 후에도 버핏은 계속 투자자로 활동하고 있다. 2006년 5월 버핏은 이스라엘계 공구업체 이스카ISCAR와 함께 해외 기업을 인수했는데, 이는 외국 기업을 인수한 최초 사례였다. 그전에도 미국 이외 지역 기업(이를테면 기네스Guinness, 페트로차이나PetroChina)의 주식을 매수해 오긴 했으나, 해외 기업을

100퍼센트 인수한 것은 이번이 처음이었다.[93] 이어서 버핏은 2007년 보석 제조업체 리치라인 그룹RICHLINE GROUP[94]과 전자부품 제조업체 TTI를 인수했다.[95]

2008년 초 다우지수는 바닥을 쳤다. 그해 3월, 투자은행 베어스턴스Bear Stearns는 파산을 눈앞에 두고 있었다. 살로몬 브러더스 사태와 달리 이번에는 미국 연방준비제도이사회(이하 '연준')가 개입해 300억 달러에 달하는 베어스턴스의 부채에 대해 보증을 서주었다. 주택담보 전문 국책 여신금융사인 패니메이Fannie Mae와 프래디맥Freddie Mac 역시 2008년 1870억 달러 상당의 구제 금융을 지원받았다. 이렇듯 연준이 해결사로 나섰지만 결국 부동산 거품은 터지고 말았다. 2008년 9월 15일 리먼브러더스Lehman Brothers는 부도 사태를 맞이했고, 완전히 산산조각 났다. 다음 날 연준은 세계적인 보험사 아이그AIG를 구제하기 위한 조치로 850억 달러 상당의 대출을 승인했다. 전 세계 금융 시장은 패닉 상태에 빠졌다.

다른 사람들이 두려워할 때 탐욕을 부리고, 다른 사람

들이 탐욕을 부릴 때 두려워하라.[96]

이것이 버핏의 모토였다. 드디어 버핏이 이 모토를 제대로 실천할 타이밍이 온 것이다. 버핏은 자금난을 겪고 있는 골드만삭스Goldman Sachs에 50억 달러를 투자했고, 골드만삭스는 버핏에게 유리한 조건을 내놓았다. 버핏은 "정말 끝내주는 조건의 거래였다. 일주일 전이나 일주일 후였다면 불가능했을 것이다"[97]라고 고백했다. 며칠 후 버핏은 제너럴일렉트릭과도 이와 유사한 방식으로 거래해 큰돈을 벌었다. 그는 제너럴일렉트릭의 워런트Warrant(일정한 기간 동안 일정한 수량의 주식을 일정한 가격에 주식 혹은 비슷한 금리를 갖는 채권으로 매입할 수 있는 권리를 말한다)와 우선주를 60억 달러에 매입했다.

버핏이 이처럼 환상적인 조건을 제안받을 수 있었던 비결은 어디에 있을까? 하나는 버핏처럼 막강한 자본력을 가진 투자자가 많지 않기 때문이고, 다른 하나는 골드만삭스 등 버핏의 투자를 받은 기업들은 버핏의 투자가 금융 시장에 막대한 영향을 끼치리라는 것을 예상하고 있었기 때문이다. 그래서 많은 투자자들이 '투자의 전설' 버핏의 전략을 적용해 주가가 바닥에 떨어진 기업에 투자한다. 버핏보다 훨씬 안 좋은 조건으로 말이다. '위기에서 구해주는 백기사'라는 말이 버핏이 왜 위기에 강한지 설명한다. 버핏은 어려운 때에도 과감하게 투자할 용기와 그만큼의 자금력을 갖추고 있었다. 이 때문에 그에게는 늘 매력적인 매수 조건이 주어졌던 것이다.

한편 버핏은 버크셔의 자회사 미드아메리칸에너지를 통해 에너지 대기업 콘스텔레이션에너지Constellation Energy 주식을 시가총액에 훨씬 밑도는 가격으로 매수했다. 그러나 당시 입찰 경쟁에 붙었던 프랑스의 에너지 제공업체 EDF가 버핏보다 훨씬 높은 입찰가를 제시하는 바람에 인수는 무산되었다. 다행히 미드아메리칸에너지는 인수 취소에 대한 보상금으로 약 11억 달러를 받을 수 있었다.

버핏은 이어서 마먼홀딩스Marmon Holdings를 인수했다. 마먼홀딩스의 주력 사업은 탱크차와 철도차량 제작 및 대여였다.**98** 또한 철도운송 회사 벌링턴노던산타페Burlington Northern

Santa Fe 주식도 매입했는데, 몇 년 동안 꾸준히 주식을 사들여 최종적으로는 20퍼센트의 지분을 확보할 수 있었다.[99]

버핏은 여기에 그치지 않고 다국적 에너지 기업 코노코필립스ConocoPhillips와 미국 최대의 전력 생산 업체 NRG에너지NRG Energy, Inc[100]의 지분을 늘리면서 리글리Wrigley에 65억 달러, 스위스계 재보험사 스위스리Swiss Ree에 27억 달러, 2009년에는 다우케미컬Dow Chemical에 30억 달러를 투자하는 등 투자를 활발하게 이어갔다.[101] 금융 위기의 여파로 버크셔가 보유한 주식과 버크셔의 주가는 하락했지만 버크셔는 끄떡없었다.[102] 버핏은 "위기가 닥쳤을 때 현금과 용기를 결합하면 계산하기 어려울 정도로 대단한 가치를 획득할 수 있다"라는 모토를 실행으로 옮겼다. 그는 장기적 관점의 큰 사업을 벌이는 데 위기를 탁월하게 활용하는 투자자였다.[103] 2008년, 버핏은 처음으로 《포브스》가 선정한 세계 갑부 리스트에 이름을 올렸다.[104]

2009년 말 버핏은 철도운송회사 벌링턴노던산타페의 잔여 주식을 440억 달러에 인수했다. 이어 2010년 10월 이

례적으로 해외 기업 사냥에 나섰다. 그는 세계 최대 규모의 재보험사인 독일의 뮤닉리Munich Re의 지분 12퍼센트를 확보했다. 그러나 5년 후 그는 이 주식을 재매도했다.

2011년 초에는 처음으로 기술주에 투자했다. 세계적인 IT 대기업 IBM 주식 매수에 110억 달러나 쓴 것이다. 언뜻 보면 버핏이 기존의 투자 전략에서 벗어난 것처럼 보이지만 사실 그렇지 않다. 버핏이 주식을 매수했을 당시 IBM 은 이미 100년이 넘는 전통을 가진 기업이었고, 이들이 생산한 컴퓨터 기술은 수십 년 전부터 업계에 탄탄하게 자리잡은 상태였기 때문이다(하지만 몇 년 후 버핏은 IBM 주식의 일부를 재매도했다. IBM의 사업 동향이 100퍼센트 만족스럽지 않다는 이유였다). 같은 해에는 세계적인 석유화학기업 루브리졸Lubrizol 을 100억 달러에 인수했다.

이어 2013년 초에 버핏은 전통적인 케첩 제조업체 하인즈 H.J.Heinz를 인수하며 기업 사냥을 계속했다. 버크셔와 브라질계 금융투자기관 3G캐피털3G Capital은 세계적으로 유명한 식료품 제조업체 하인즈의 보통주를 총 90억 달러 매수했다. 버핏은 배당수익률Dividend Yield Ratio(DY)이 9퍼센트인 우선주도 80억 달러어치 매수했다. 같은 해 버크셔의 자회사 미드아메리칸에너지 역시 전력 및 가스 공급업체 NV에너지NV Energy 주식 56억 달러를 매수했다.[105]

2014년 버크셔는 프록터앤드갬블Procter&Gamble과 3억 달러 상당의 주식 교환(지주회사의 설립 등을 용이하게 할 목적으로 주식의 포괄적 교환에 의하여 다른 회사의 발행주식의 총수를 소유할 수 있는 회사가 될 수 있도록 하는 제도)을 통해 배터리 제조업체 듀라셀Duracell의 주식을 취득했다. 한편 버핏은 세계적인 농기계 제조업체 존디어John Deere에도 12억 달러를 투자했다.

2016년 주주서한에서 버핏은 버크셔의 주력 사업 방향이 전환되었다는 사실을 명확히 밝혔다. 1990년대 초반까지의 버핏은 주식 투자, 즉 회사의 일부 지분을 매수하는 것에만 초점을 맞췄다. 하지만 이후 그는 100퍼센트 기업 인수로 사업의 방향을 전환했다. 대표적인 예로 보험사 가이코, 에너지 공급업체 미드아메리칸에너지, 철도운송회사 벌링턴노던산타페를 들 수 있다.[106]

컴퓨터 관련 종목 주가에 대한 경계심을 내려놓았다는 점도 눈여겨볼 만하다. 2011년 그는 IBM 주식을 매수해 처음으로 기술주 투자를 시도한 후, 2016년에는 670억 달러 상당의 애플 주식을 매수했다.[107] 2016년 버크셔는 275억 달러의 순이익을 달성했다.

2부
워런 버핏의 투자 철학

심플한 삶,
그보다 더 심플한 투자

진정한 성공이란 무엇일까?

내가 사랑하는 사람이 나를 사랑해 주는 것이다.

워런 버핏은
대체 얼마나 벌었을까

 1인자의 실적

지난 52년간 버크셔 주가는 19달러에서 172,108달러로 상승해 19퍼센트의 연 수익률을 달성했다.[108] 이처럼 빠른 속도의 주가 상승으로 버핏은 억만장자가 되었다. 초창기 주주들은 이 전략으로 백만장자가 되었고, 주주들의 자본은 두 배 혹은 세 배로 증가했다. 놀라운 사실은 이러한 성공이 10년 새 몇 번이나 반복되었다는 것이다.

주식 투자자들이 버핏을 우상시하는 것도 이 때문이다. 버핏은 높은 수익률을 얻으면서 장기간 성공이 지속되는 전략을 제시한 유일한 투자가다. 지난 50년 동안 버핏은 선정하는 종목마다 족족 성과를 올리며 높은 적중률을 자랑해 왔다. 그렇다면 향후 50년 동안 이 전략이 통하지 않으리라는 법도 없지 않은가? 지금까지 우리가 버핏의 삶과 투자 전략을 살펴본 이유다.

'주식 투자의 전설'이라는 개념은 일부 언론에서 심하게 남용되고 있다. 하지만 이 타이틀을 다는 데 그 누구도 토를 달지 않을 인물이 있다면 단연 워런 버핏이다. 수치로 검증 가능한 그의 성공 실적은 전무후무하다. 50년이 넘는 오랜 기간 동안 버핏은 버크셔 지주회사를 통해 미국을 대표하는 주가지수 S&P 500을 2배 이상 초과하는 BPS 증가율을 기록했다. S&P 500의 BPS 증가율이 연 9.9퍼센트인데 비해 버크셔는 연 19.1퍼센트를 기록한 것이다.

119쪽의 표는 버크셔 설립 이후 1965년부터 2017년까지 쌓아온 실적을 정리해놓은 표다. 찬찬히 살펴보며 버크셔의 실적을 미국의 핵심 주가지수 S&P 500의 BPS 증가율

연도	버크셔해서웨이	S&P 500 (배당금 포함 실적)	상대적 비교
1965	23.8	10.0	13.8
1966	20.3	-11.7	32.0
1967	11.0	30.9	-19.9
1968	19.0	11.0	8.0
1969	16.2	-8.4	24.6
1970	12.0	3.9	8.1
1971	16.4	14.6	1.8
1972	21.7	18.9	2.8
1973	4.7	-14.8	19.5
1974	5.5	-26.4	31.9
1975	21.9	37.2	-15.3
1976	59.3	23.6	35.7
1977	31.9	-7.4	39.3
1978	24.0	6.4	17.6
1979	35.7	18.2	17.5
1980	19.3	32.3	-13.0
1981	31.4	-5.0	36.4
1982	40.0	21.4	18.6

연도	버크셔해서웨이	S&P 500 (배당금 포함 실적)	상대적 비교
1983	32.3	22.4	9.9
1984	13.6	6.1	7.5
1985	48.2	31.6	16.6
1986	26.1	18.6	7.5
1987	19.5	5.1	14.4
1988	20.1	16.6	3.5
1989	44.4	31.7	12.7
1990	7.4	-3.1	10.5
1991	39.6	30.5	9.1
1992	20.3	7.6	12.7
1993	14.3	10.1	4.2
1994	13.9	1.3	12.6
1995	43.1	37.6	5.5
1996	31.8	23.0	8.8
1997	34.1	33.4	0.7
1998	48.3	28.6	19.7
1999	0.5	21.0	-20.5
2000	6.5	-9.1	15.6

연도	버크셔해서웨이	S&P 500 (배당금 포함 실적)	상대적 비교
2001	-6.2	-11.9	5.7
2002	10.0	-22.1	32.1
2003	21.0	28.7	-7.7
2004	10.5	10.9	-0.4
2005	6.4	4.9	1.5
2006	18.4	15.8	2.6
2007	11.0	5.5	5.5
2008	-9.6	-37.0	27.4
2009	19.8	26.5	-6.7
2010	13.0	15.1	-2.1
2011	4.6	2.1	2.5
2012	14.4	16.0	-1.6
2013	18.2	32.4	-14.2
2014	8.3	13.7	-5.4
2015	6.4	1.4	5.0
2016	10.7	12.0	-1.3
2017	23.0	21.8	1.2
평균	19.1	9.9	9.2

변동 추이와 비교해 보길 바란다. 특정 일의 주가에는 우연이라는 요인이 작용할 수 있는 반면, BPS는 해당 주식의 순자산 비율을 그대로 반영하기 때문에 버핏은 BPS를 중요한 평가 기준으로 삼았다.

버핏은 53년 중 41년이나 사업에서 흑자를 냈다. 무엇보다도 그는 손실을 피해야 한다는 원칙을 잘 지켰다. 이와 관련해 버핏은 이렇게 조언한다. "투자의 제1원칙은 절대 돈을 잃지 말아야 한다는 것이고, 투자의 제2원칙은 제1원칙을 잊으면 안 된다는 것이다!" 버핏은 자신의 투자에서도 이 원칙을 충실히 지켰다. 버크셔의 BPS가 하락한 건 2001년과 2008년, 단 두 해뿐이었다. 게다가 이 시기는 주식 시장이 대폭락했던 시기로, 평소보다 주가가 훨씬 많이 떨어졌던 때였다.

버크셔의 BPS는 매년 평균 19퍼센트 증가했다. 그것도 53년이라는 엄청나게 긴 관찰 기간 동안 말이다. 반면 동기간에 S&P 500 지수는 연평균 9.9퍼센트의 증가율을 기록했을 뿐이다. 이러한 성과는 그 오랜 기간 동안 이 정도의 큰 수익률을 얻을 수 있었던 게 우연이 아니라는 증거다. 워런 버핏의 관점에서 가치투자란, 장기간에 걸쳐 초과수익률을 내는 것이다. 당연히 리스크도 예측할 수 있어야 한다.

그렇다면 이런 결론을 내릴 수 있다. 최고의 전략은 다른 사람이 지어놓은 밥에 숟가락을 살짝 얹는 것이라고 말이다. 버크셔 주식에 여러분의 주식 운용 자금을 올인해 투자하고 버핏의 전략을 그대로 베끼면 시간도 절약할 수 있지 않을까?

하지만 이 투자 전략에도 걸림돌이 있다. 그사이 버크셔는 막대한 규모의 기업으로 성장해 이제 두 자릿수의 투자 수익률은 달성하기 어렵다. 기저효과base effect가 나타나는 것이다. 기저효과란 비교 대상 시점(기준 시점)의 상황이 현재 상황과 지나치게 차이가 많이 나서 결과가 왜곡되는 현상을 가리킨다. 예를 들어 호황기를 기준으로 현재의 경제 상황과 비교하면 경제지표는 실제보다 위축되어 나타나고, 불황기의 경제 상황을 기준으로 비교하면 지표가 실제보다 부풀려져 나타나게 된다. 반사효과라고도 한다.

쉽게 말해 1000억 달러로 매년 10퍼센트 이상의 수익을 내도록 투자하기가 어렵다는 뜻이다. 반면 '기껏해야' 1000만 달러 혹은 10만 달러만 투자하는 경우라면, 버핏처럼 탁월한 가치투자자는 진흙 속의 진주처럼 가치가 있는 기업을 발굴해 두 자릿수 투자 수익률을 내는 것이 상대적으로 쉬울 터이다.

따라서 다음과 같이 잠정적인 결론을 내릴 수 있다. 버크셔 주식(그리고 버크셔 주주총회 입장권)은 가치투자 지지자들에게 탄탄하고 훌륭한 투자의 기반을 마련해줄 것이다. 그렇지만 버크셔는 규모 때문에 더 이상 초창기 시절의 엄청난 수익률을 달성할 수 없을 것이다. 더 많은 수익을 얻길 바라는 사람은 가치투자 종목으로는 좀 더 소형주를 직접 찾아보길 바란다. 그런 소형주의 시가총액은 너무 적어서 버핏은 더 이상 관심도 보이지 않을 터이니 말이다. 버핏이 어떤 전략을 구사했고, 어떤 기준으로 주식과 기업을 선택했는지는 이 장에 상세히 소개되어 있다. 이 장을 찬찬히 살펴보면 분명 투자에 도움이 될 것이다.

워런 버핏은 스승 벤저민 그레이엄과는 달리 주식 투자에 관한 지혜를 책으로 출판하지 않은 것으로 유명하다. 하지만 그가 정기적으로 발행하는 자료가 하나 있다. 그 유명한 '버크셔 주주서한'이다. 버크셔 주주서한은 한 해의 사업 상황을 일반인이 이해하기 쉬운 문장으로 요약 정리한 것으로, 버핏의 투자 전략이 공개적으로 드러나기도 있기도 하고, 또 숨겨져 있기도 하다.

이제부터 버핏이 어떤 전략으로 투자 활동을 하고 있고 60년 넘게 투자 전문가로 활동하면서 이 전략을 어떻게 적용하거나 수정했는지, 그리고 투자라는 테마에 어떤 의견을 갖고 있는지 하나하나 살펴보도록 하자.

가장 안전한 금융 비즈니스는

대부분 명확한 정량적 결정을 바탕으로 이뤄진다.[109]

지표를
결정의 기준으로 삼아라

워런 버핏은 역사에 길이 남을 가치투자자다. 그는 스승인
벤저민 그레이엄과 데이비드 도드로부터 배운 가치투자를
수십 년 동안 탁월하게 활용해 왔으며, 현재 세계에서 가장
성공한 가치투자자로 꼽히고 있다. 버핏은 육감이 아니라
자신이 매수할 기업에 대한 '철저한 분석'을 바탕으로 매
수를 결정한다. 그래서 버핏은 항상 신용평가회사 무디스
와 S&P의 증권 핸드북, 자신이 관심을 갖는 기업들의 사업
보고서를 근거 자료로 살펴본다. 지금도 그는 이런 정보들

을 분석하는 데 긴 시간을 보내곤 한다. 심지어 신혼여행을 갈 때도 무디스의 핸드북과 사업보고서를 자동차 뒷자리에 챙겼다는 일화도 전해진다.[110]

버핏은 어떤 기업이 훌륭한 실적이나 가치를 보여줄 수 있는지를 매수 결정의 가장 중요한 기준으로 삼는다. 투자자로 활동하던 초기에 버핏이 가장 중요한 지표로 삼았던 것도 다름 아닌 기업의 '장부가치'였다. 장부가치는 총 자산에서 총 부채를 공제한 수치, 쉽게 말해 한 기업의 자산에서 부채를 차감한 금액을 말한다. 한 기업의 장부가치를 발행된 주식 수로 나눈 것이 BPS고 현 주가를 BPS로 나눈 값이 주가장부가치비율Price Book Value Ratio(PBR)이다.

$$PBR = 주가\ /\ BPS$$

PBR이 1 미만이면 BPS는 현 주가보다 높은 것이다. 이때는 다른 지표들도 긍정적으로 평가되고 있다는 전제하에 주식을 매수하는 것을 원칙으로 한다. 그러나 장부가치에는 한 기업의 무형가치, 이를테면 코카콜라와 같은 '브랜드'의 가치가 반영되지 않는다. 물론 재무상태표에 나타나지 않은 준비금도 장부가치에서는 알 수 없다. PBR은 주식 매수 결정에서 매우 중요하게 작용하지만 유일한 기준은 아니다. 버핏과 같은 가치투자자들이 매수 결정 시 참고하는 기준으로 PER, 주가현금흐름비율Price Cashflow Ratio(PCR), PSR, DY 등이 있다. 버핏은 1991년에 발행한 버크셔 주주 서한에서 가치투자를 다음과 같이 정의하고 있다.

"우리는 PBR과 PER은 낮고 DY는 높은 종목을 매수한다."

또한 이 서한에서 버핏은 가치 기준 혹은 가치 지표만으로 매수를 결정하기에는 부족하다고 명확하게 밝히고 있다. 버핏은 매수 결정 시 항상 그레이엄의 안전마진을 고려했다. 버핏과 멍거는 보수적인 평가를 바탕으로 기본 데이터뿐만 아니라 안정적인 비즈니스 이론도 반영했다. 하지만 오판일 경우 발생할 충격을 완화시키기 위해 두 사람은 내재가치를 계산할 때 BPS보다 25퍼센트 할인하여 평가했다. 이러한 할인을 '안전마진'이라고 한다.[111]

쉽게 말해 버핏은 아무리 매력적인 것처럼 보여도 가치 평가 결과가 부정적이면 투자 가능성 자체를 고려하지 않았다. 즉, 정말 좋은 기회라고 평가하지 않는 한 절대 투자하지 않았다는 뜻이다.[112] "안전마진을 잘 활용하면 향후 전망을 일일이 따져볼 필요가 없다."[113]

매수를 결정하는 4가지 질적 기준

워런 버핏은 오랜 기간 투자 전문가로 활동하면서 자신의 전략을 꾸준히 최적화시켰다. 때때로 그는 부정적인 경험도 투자 전략에 반영시켰다. 그는 초창기에 이미 그레이엄에게 배운 '담배꽁초 찾기'를 그만두고 자신만의 보완형 가치투자 전략을 찾아냈다. 즉, 다른 투자 지표들을 기반으로 매수 결정을 하기 시작한 것이다. "우리는 첫째, 잘 알고 있는 기업, 둘째, 장기적 전망이 밝은 기업, 셋째, 정직하고 유능한 사람들이 경영하는 기업, 그리고 아주 매력적인 가격을 제시할 수 있는 기업에 투자하길 원했다."[114]

1970년대 중반부터 버핏은 양적인 가치투자 전략에 질적인 기준을 추가로 반영시키기 시작했다. 버핏은 질적 결정 기준으로 해당 분야에 대한 투자자의 이해도(지식)와 해당 기업의 장기 전망, 경영 품질 등을 꼽았다. 이 시기 버크셔의 경영진으로 영입된 찰리 멍거가 이러한 보완 전략을 짜는 데 많은 영향을 끼쳤다.

실제로 기업 평가를 위한 질적 기준은 일반인이 파악하기에 무척 어렵다. 버핏은 다음 네 가지 기준에 대해 자신이 이해하고 있는 것과 자신의 투자 목적에 맞춰 분석하는 방법을 아래와 같이 정리해 놓았다.

투자자의 이해도

당신이 해당 기업이나 업계에서 일해야만 어떤 기업을 정확하게 분석할 수 있는 것은 아니다. 인터넷 자료 검색 등을 통해 해당 분야를 집중 연구하는 것으로도 충분하다. 버핏은 "여러분이 해당 기업이나 제품을 오래전부터 알고 있는 경우 기업 평가를 하는 데 도움이 된다"[115]라고 했다. 버핏은 자신이 기업을 파악하는 방법을 다음과 같이 설명했다.

"먼저 나는 고객, 납품업체, 직원들과 대화부터 시작한다. 내가 관심을 갖고 있는 분야라면 언제든, 누구와도 대화를 한다. 석탄 관련 기업이라면 회사 주변을 돌아다니고 방문한다. 그리고 그 회사의 CEO에게 '당신 회사를 제외하고 투자하고 싶은 기업이 있습니까?'라고 물어본다. 여기저기서 얻은 정보를 모으면 사업하는 법을 배울 수 있다."[116]

장기 전망

한 기업 혹은 업계의 장기 전망에 관한 정보를 얻고 싶다면 경제전문지 기사나 사업보고서, 인터넷 검색 정보들을 참고하라.

경영 품질

경영 상태를 평가하려면 해당 기업의 인터넷 사이트에 들어가 경영자의 이력을 자세히 살펴보라. 사업보고서를 보면 한 기업의 전반적인 상황을 알 수 있다. 여기서 여러분에게 줄 수 있는 실전 팁이 있다. 바로 4년 혹은 5년치 사업보고서를 연속으로 읽어보라는 것이다. 해당 기업의 경영

목표는 무엇이고 다음 해 실적은 어떠했는가? 이를 통해 허황된 목표만 세우는 경영자를 가려낼 수 있다. 이런 경영자들은 목표만 크게 세워놓고, 실제로 이루는 것은 거의 없다. 만약 소규모 투자라면 경영진과 직접 만나보는 것도 도움이 된다. 워런 버핏은 미국의 유명한 경영자들과 개인적으로도 친분이 두텁다.

가격

앞 장에서 다룬 투자 지표들을 꼼꼼히 조사해 보면 가격이 얼마나 매력적인지 확인할 수 있다.

위의 네 가지 기준에 따라 투자를 한 사례가 버크셔 주주 서한에서도 언급했던 캐피털시티스 주식 매수다. 버핏은 "캐피털시티스는 독특한 개성뿐만 아니라 탁월한 경영 능력을 갖춘 기업이다"[117]라고 말했다. 앞서 언급한 네 가지 기준을 자세히 살펴보면 버핏이 1977년과 1985년 미디어 기업 캐피털시티스를 매수한 이유를 알 수 있다.

투자자의 이해도: 버핏은 캐피털시티스를 매수하기 전부

터 미디어기업과 인연이 많았다. 그는 신문 배달 아르바이트를 할 때부터 미디어기업에 관심을 가져왔고, 실제로 많은 신문사에 투자를 하기도 했다.

장기 전망: 1977년 텔레비전 및 라디오 기술은 전망이 밝은 분야였다.

경영 품질: 버핏은 1970년대 초반 학창 시절 친구인 빌 루안에게 캐피털시티스의 회장인 토머스 머피를 소개받았다. 1982년 주주서한에서 버핏은 머피를 '슈퍼스타 매니저'라고 표현했고,[118] 1985년 주주서한에서는 "토머스 머피와 댄 버크Dan Burke는 훌륭한 경영인일 뿐 아니라 여러분이 사윗감으로 탐내고도 남을 만한 인물들이다. 나로서는 이런 인물들과 인연을 맺게 된 것이 영광이다. 두 사람을 아는 사람은 내가 무슨 말을 하는지 잘 알 것이다. 이 역시 재미있는 일이다"[119]라고 극찬했다.

매력적인 가격: 1977년 캐피털시티스 주가는 투자하기에 아주 매력적이었다. 이보다 더 매력적인 가격 조건이 제시

되기는 어려웠다. 다음 해 캐피털시티스의 DY가 4퍼센트를 기록했다는 것은 이미 잘 알려진 사실이다. 심지어 이는 지금의 관점에서 봐도 우수한 실적이다.

'마지막 한 모금'만 남은
기업을 매수하라

───────────── 전략 1 | **담배꽁초 전략** ─────────────

담배꽁초 전략은 버핏이 그레이엄-뉴먼 투자회사에 다닐 당시 벤저민 그레이엄으로부터 배운 것이다. 버핏은 퇴사 이후 독립해 창업을 한 초창기, 그러니까 1957년부터 1970년까지 주로 이 전략을 써먹었다. 길바닥에서 주운 담배꽁초는 한 모금 피우고 나면 더 이상 피울 게 없다. 그처럼 이런 기업을 헐값에 매수하면 한 모금의 이익을 챙길 수 있다.[120]

버핏이 '담배꽁초' 전략을 이용해 기업을 매수한 사례로 보험사 내셔널아메리칸파이어, 풍차 제조사 뎀스터, 호크실드콘백화점, 섬유기업 버크셔를 들 수 있다. 버핏은 이 기업들을 BPS보다 훨씬 싼 헐값으로 매수했고, 특히 내셔널아메리칸파이어와 뎀스터를 매수할 때 고수익을 올릴 수 있었다. 그러나 뎀스터에 가차 없이 구조 조정을 실시하면서 그간 쌓아온 명성에 흠집을 내기도 했다. 한편 호크실드콘백화점에 대해서 버핏은 3년 후 "다행히 내가 지불한 가격으로 매각할 수 있었다"라며 안도하기도 했다.[121]

다만 섬유기업 버크셔를 담배꽁초 전략으로 매수한 것은 자신의 실수였다고 인정했다. "나는 섬유 산업의 전망이 밝지 않다는 사실을 알고 있었지만, 헐값에 혹해 버크셔를 인수했다. 담배꽁초 전략으로 주식을 매수해 초창기에 어느 정도 수익을 올렸다. 하지만 시간이 흘러 1965년이 되었을 때 이 전략이 최고의 방안이 아니라는 사실이 드러났다."[122]

버핏은 결국 담배꽁초 전략은 최고의 투자 전략이 아니라고 결론 내렸다. 1990년 3월 2일, 주주서한에서 그는 "당신이 청산인이 아닌 이상 기업을 매수하는 것은 바보짓이다"라고 밝히기도 했다.

정보화 시대에는 공짜 선물을 발견할 수 없다

담배꽁초 전략의 공략 대상은 '마지막 한 모금밖에 남지 않았지만 BPS보다 주가가 낮은 기업'이다. 한마디로 이 전략은 투자라기보다는 일종의 투기라고 할 수 있다. 버핏도 이 전략으로 여러 번 쓴맛을 봤기 때문에 이제는 더 이상 투자자들에게 권하지 않는다. 인터넷이나 주가 애플리케이션 같은 정보원이 없던 1940년대와 1950년대에는 담배꽁초 전략이 충분히 먹혔다. 하지만 이제 담배꽁초 전략은 구시대의 유물이 되어 투기꾼들이나 써먹는 수법으로 전락했다.

여러분이 담배꽁초 후보를 찾고 있다면 실제로 자신이 어느 정도의 정보 우위를 점하고 있는지 점검해 보길 바란다.

가령 주식 시장에 상장된 소기업이나 특수 업종인 경우 특히 잘 살펴보아야 한다. 아마도 당신이 찾아낸 100건의 종목 중 99건 정도는 여러분이 정보 우위에서 뒤처져 이미 늦게 발견한 기업일 가능성이 높다.

확실치 않은 최신 기술주에는
절대 투자하지 마라

─────────── 전략 2 | 안티 하이테크 전략 ───────────

버핏이 오랫동안 기술주 투자를 기피해왔다는 것은 이제 누구나 알고 있는 사실이다. "찰리와 나는 기꺼이 변화를 맞이해야 한다고 강조해 왔다. 신선한 아이디어, 새로운 제품, 혁신적 프로세스, 이런 것들은 우리나라의 생활수준을 높여줄 것이다. 물론 이런 것들은 말할 필요도 없이 우리에게 매우 유익하다. 하지만 투자자로서는 우주 정복 계획에 '우리만의' 방식으로 대응하고자 한다. 물론 우리는 그 모든 노력에 아낌없이 박수갈채를 보낸다. 단지 동참하고 싶지 않을 뿐이다."**123**

이와 같은 말에서도 알 수 있듯이 '잘 알지 못하는 분야에 투자하는 걸 좋아하지 않는다'는 신념이 있는 버핏은 컴퓨터 업계나 우주항공 기술 등 신기술에는 절대 투자하지 않았다. 그는 마이크로소프트 창업자인 빌 게이츠 부부와 절친한 관계임에도 마이크로소프트 주식에 거의 최소 수준으로만 투자했다. "투자를 결정할 때 우리는 핵심 기술 분야라고 하더라도 내가 이해할 수 있는 범위에서 벗어나는 분야에는 손대지 않는다. 나는 딱정벌레의 짝짓기 행동만큼이나 반도체나 집적 회로에 대해 문외한이다."

하지만 기술 회사에 대한 버핏의 반감은 몇 년 전부터 점차 줄고 있다. 컴퓨터 분야는 탄생한 지 불과 50년 만에 자리를 잡았고, 그사이 버핏은 게임을 하기 위해 컴퓨터를 들여놓았다.

지금의 버핏에게 컴퓨터는 더 이상 생소한 분야가 아니다. 그럼에도 최신 기술주에 투자하지 않는다는 원칙은 여전하다. 신기술의 등장으로 기존의 많은 기업이 무너지고 새로운 동향의 사업 모델을 제시하는 기업들이 우후죽순 생겨나고 있기 때문이다. 하지만 이런 시장들은 일정 기간이 지난 후 하나로 통합된다. 쉽게 말해, 이 기업들의 대다수가 조만간 시장에서 사라질 것이며 그 기업들에 대한 투자는 투기 행위가 될 게 뻔하다는 뜻이다.

버핏이 최신 기술주에 투자하지 않는 이유는 앞에서 인용했던 선밸리의 강연에 상세히 설명되어 있다. "한때 자동차 제조업체 수가 2000개에 달했습니다. 자동차는 말할 필요도 없이 20세기 전반기에 가장 중요한 혁신적 상품이겠지요. (…) 불과 몇 십 년 전 2000개에 달했던 자동차 제조업체 중 지금 남아 있는 업체는 단 3개뿐입니다. (…) 20세기 전반기에는 또 하나의 혁신이 있었습니다. 1919년과 1939년 사이에 약 200여 개의 항공기 제조업체가 생겨났죠. (…) 하지만 몇 년 전부터 항공기 업계에는 투자해 봤자 돈을 벌 수 없다는 의견이 지배적입니다."**124**

정리가 필요한 새로운 분야에는 투자하지 마라

최신 기술주에 대한 투자는 자칫 투기가 될 수 있다. 이를테면 새로 창업한 하이테크 기업은 몇 년밖에 생존하지 못한다. 물론 운 좋게 '끝까지 살아남은 기업'을 잘 잡으면 꽤 많은 돈을 벌 수 있겠지만, 버핏은 이런 투자는 리스크가 크다고 판단했다. 그러니 '슈퍼 스톡'을 놓쳤다고 억울해하지 말라. 이런 이들을 위해 버핏은 "전면 유리보다는 사이드 미러로 볼 때 더 잘 보이는 법이다"라고 충고한다.

초창기에 애플, 구글, 페이스북에 투자했다면 큰돈을 벌 수 있었다는 사실을 모르는 사람은 없다. 하지만 투자를 결정해야 했던 시점에는 무수히 많은 경쟁 기업이 있었다. 설사 수익을 올린 사람이라고 해도 어쩌다 운이 좋아서 큰 행운을 얻었을 수도 있다.

주가가 폭락해 시장에서 사라진 회사들은 사람들의 기억에서 이미 잊혔다. 돈을 벌 만한 기술주를 쉽게 알아볼 수 있다고 속단하면 안 된다. 베타맥스 방식 비디오테이프나

리눅스 소프트웨어 사례를 보면 알 수 있지 않은가. 최고의 기술이라고 해도 수익을 내지 못하는 주식이 상당수다. 즉, 예측 불가한 것이 기술주 시장이다.

좋은 것도 넘치면
없는 것만 못하다

─────────── 전략 3 | 안티 분산화 전략 ───────────

분산투자로 리스크를 최소화하자는 것이 포트폴리오 이론
이다. 버핏은 포트폴리오 이론을 지지하지 않는다. 대신 그
는 자신이 최고라고 평가하는 주식에 집중투자해야 한다
고 말한다. 그의 투자 원칙은 '양보다는 질'이다. 투자할 종
목을 계속 찾으며 30개 혹은 50개의 종목에 분산투자하는
것보다, 10개 종목을 선정해 집중투자하는 것이 더 나은
전략이라는 것이다. "지나치게 많은 종목으로 포트폴리오
를 구성하는 사람을 보면 나는 모든 종목의 주식을 한 쌍

씩 수집해 '주식 버전 노아의 방주'라도 만들고 있는 것 같다. 이런 사람들은 차라리 방주를 운전하는 편이 낫다."[125]

그는 자신이 정말로 잘 아는 기업에 투자해야 리스크가 적은 것은 물론이고 최고의 수익을 보장받을 수 있다며 다음과 같이 말했다. "어떤 투자자는 자신이 가장 잘 아는 기업이 아니라, 기업에 대해 아는 것을 순위로 매겼을 때 20위쯤 되는 기업에 투자를 한다. 나는 이런 사람의 심리를 도무지 이해할 수 없다."[126]

버핏은 주식을 매입할 때 다양한 종목으로 포트폴리오를 구성하지 않고, 개별 종목에 집중투자한다. 버핏의 포트폴리오가 어떻게 구성되어 있는지 알고 싶다면 매년 발표되는 주주서한을 참고하기 바란다. 종목 수도 많지 않고, 몇몇 종목에만 집중되어 있는 것을 볼 수 있다.

정말로 좋은 평가를 내릴 수 있는 기업에만 집중투자하라

최고라고 평가를 내릴 수 있는 주식에만 집중투자하라. 수익성이 가장 높은 주식, 이른바 최고의 주식을 찾으려면 어느 정도 시간을 투자해야 한다. 개인 투자자가 30개 혹은 50개, 심지어 100개 종목에 분산투자하는 전략은 그다지 바람직하지 않다. 버핏의 원칙에 따라 여러분의 포트폴리오에서 삭제할 종목을 찾아보길 바란다. "나는 향후 5년 동안 증시가 폐쇄될 가능성을 염두에 두고 주식을 매입한다." 위의 기준을 충족시키지 못하는 종목이 있다면, 바로 투자 리스트에서 삭제하라.

투자 후에는
장기적으로 관망하라

─────── 전략 4 | **20 찬스 투자 전략** ───────

버핏은 학생들을 대상으로 한 강연에서 '20 찬스 전략'을 소개했다. "여러분에게 20개의 찬스가 있다고 하자. 투자 종목을 선정할 때마다 찬스 하나를 사용한다고 가정하면, 여러분은 엄청난 부자가 될 수 있을 것이라 생각할 것이다. 바로 이런 때 찬스를 경솔하게 쓰기 쉽다. 이 유혹을 물리 쳐야 더 나은 결정을 내릴 수 있다."[127]

버핏은 투자는 신중해야 한다고 말한다. 실제로 그는 하루

중 많은 시간을 주식 시장을 샅샅이 조사하는 데 보내며, 주식 전문지는 물론이고 자신이 관심을 갖고 있는 회사의 사업보고서와 재무상태표, 증권 기사, 사업보고서 등을 분석한다. 그러다가 적합한 대상을 찾으면 투자를 개시한다. 버핏의 전기 작가 앨리스 슈뢰더는 "그가 가지고 있는 찬스 한 개를 누군가에게 맡기면 그만큼의 수익을 바로 얻을 수 있었다. 다만 결정을 내리기까지 시간이 좀 걸렸을 뿐이다"[128]라고 말했다. 가이코, 캐피털시티스, 워싱턴포스트는 버핏이 '영원히 보유할 세 종목'이라고 부를 만큼 오랫동안 그의 투자 리스트에 있었던 것으로 유명하다.[129]

버핏은 일단 자신이 매수한 주식은 대개 몇 년 내지 수십 년 동안 관망하며 보유하고 있었다. "우리가 주식을 매입한 후에 시장이 1년 혹은 2년 동안 폐쇄된다고 해도, 우리는 이 일로 불편하지는 않을 것이다."[130]

버핏은 오랫동안 갖고 있던 정든 주식을 매도하는 건 아내가 늙었다는 이유로 버리는 것과 다름없다며 비판적인 태도를 보였다.[131] 또한 자신이 장기간 주식을 보유했기에 큰

돈을 번 것이라며 "나는 엉덩이 밑에 내 돈을 깔아놓았기 때문에 큰돈을 벌 수 있었다"[132]라고 말했다.

여기저기 기웃거리다 보면 빈털터리가 된다

투자 종목 수를 최소화하라. 시장 분석 결과 최고라고 평가를 내릴 수 있는 기업에 투자하라. 이런 주식은 장기 보유가 가능하다. 버핏의 성공 공식은 다음 문장으로 정리할 수 있다. "잠자코 지켜보며 수동적으로 행동해야 성공한다. 대부분의 투자자들은 툭하면 주식을 매매하고 싶은 유혹을 뿌리치지 못한다."

세상에는
망하지 않는 기업이 있다

───────── 전략 5 | 해자 전략 ─────────

워런 버핏은 투기성 사업을 좋아하지 않는 투자자다. 그는 시장에서 경쟁 우위가 강력하고 튼튼한 기업에 투자하는 것을 선호한다. 이런 기업을 일컬어 그는 '절대 무너지지 않는 진입 장벽과 해자moat(성 주위에 둘러 판 못)가 있는 기업'이라고 표현했다. "넓고 견고한 해자로 둘러싸인 제품이나 서비스는 투자자들에게 수익을 보장한다. 나는 기업을 보호하고 있는 해자가 얼마나 넓고 견고한지 살펴보는 것이 가장 중요하다고 생각한다. 물론 내가 가장 좋아하는 투자 대상은 큰 진입 장벽에, 피라냐와 악어가 있는 해자를 갖추고 있는 기업이다."[133]

해자 기업은 다음과 같은 특성을 갖추고 있다.

- 경쟁 우위 (브랜드 가치나 특허 등)
- 높은 시장 점유율 내지 시장 장악력
- 안전마진 (경제 위기를 극복할 수 있는 능력)
- 가격 전가 능력 (가격을 인상해도 매출이 크게 감소하지 않는가)
- 신뢰성 (지속적으로 안정적인 수치 혹은 좋은 수치를 보이는가)
- 규제 관련 규정을 다뤄본 경험 (미디어기업의 경우)
- 규모상 우위 (대형 체인 시스템처럼 구매 시 제공하는 가격 혜택 등 규모의 경제에서 오는 우위)
- 네트워크 (아마존, 이베이, 홀리데이체크 등 고객 평가 시스템)

워런 버핏은 60년 이상 투자 전문가로 활동해 오면서 포트폴리오에 해자가 강력한 기업을 쌓아두었다. 코카콜라, 아멕스, 리글리, 애플, 프록터앤드갬블, 무디스, 월마트 등이 그것이다.

배당 우량주들은 대부분 해자를 갖고 있다

강력한 브랜드, 높은 시장 점유율, 다수의 특허를 보유한 해자 기업에 투자하고 싶다면 소위 '블루칩' 주식을 찾아보길 바란다. 블루칩은 대부분 다우지수에 속해 있다. 그중 투자 지표(PER, PBR, DY 등)가 우량한 종목을 골라라. 장기적인 관점에서 결코 실패하지 않을 투자가 될 것이다.

한 기업이 최소 10년 이상의 오랜 기간 배당금을 꾸준하게, 또는 늘려가면서 지급했다면, 투자하기에 아주 강력한 사업 모델을 갖추고 있다고 평가할 수 있다. 이 기업은 오랫동안 배당금을 지급해 왔으므로 '배당 우량주'라고 불린다. 반면 배당금이 감소하거나 사라졌다면 투자 안정성이 약한 사업 모델이라고 볼 수 있다.

버핏이
투자를 시작하는 타이밍

―――――― 전략 6 | **겁쟁이 전략** ――――――

버핏은 경기 순환 주기에 역행하는 투자를 했다. 1970년대 호경기로 인해 주식 투자 열풍이 불었을 때에도, 2000년대에 '닷컴 버블'이 기승을 부리며 또다시 열풍이 불었던 때에도, 2007년 주가 폭등 현상이 일어났을 때에도 버핏은 남들과 달리 투자를 주저했다. 거품이 서서히 꺼지고 주가가 하락했을 때가 되어서야 그는 본격적으로 투자를 개시하곤 했다.

약세장에서 주가가 바닥을 칠 때 사라

인생살이가 그렇듯 주식 시장에서도 역발상이 필요한 법이다. 주식 시장이 호황기일 때는 주식을 매도하고 시장을 관망하라. 시세가 바닥을 치면 매수자로 돌변해 투자에 뛰어들어라.

플로트를 활용하여
투자하라

버핏이 주로 투자하는 분야를 살펴보면 보험사가 특히 눈에 띈다. 1967년 버핏이 처음으로 내셔널인뎀니티와 함께 지분을 인수한 회사가 바로 자동차 보험사 가이코다. 몇 년 후 버핏은 가이코의 경영권을 획득해 버크셔의 100퍼센트 자회사가 되었다.

가이코는 손해보험사이므로 고객들에게 받은 보험료를 운영 자금으로 확보하고 있다가 손해 배상 사건이 발생할 때만 보험금을 지급한다. 사고가 발생하지 않는 동안 가이코는 플로트, 즉 자유롭게 활용할 수 있는 보험사의 운용자금을 이용해 다른 곳에 투자했다. 투자 전문가 버핏에게 보험사는 진정한 캐시카우였다. 보험사는 그에게 투자에 필요한 자금을 자유롭게 끌어와 사용할 수 있는 수단이었다.

버핏은 플로트를 끌어올 수 있는 기업을 여러 개 더 갖고 있었다. 바로 은행과 경품권 발행업체 블루칩스탬프스였다. 그가 적은 돈을 굴려 큰돈을 만질 수 있었던 것도 플로트 덕분이었다. 버핏의 전기 작가 앨리스 슈뢰더는 버핏의 이 사업 모델을 일컬어 '포트폴리오 자산 운용의 황금기'라고 표현했다.[134]

자본을 자유롭게 활용할 수 있는 기업을 찾아라

유감스럽지만 플로트를 투자 목적으로 사용하는 건 보험사나 유사 분야 기업에 대한 경영권을 갖고 있는 대주주만 가능한 일이다. 하지만 개인 투자자도 플로트를 활용하고 있는 종목에 투자하는 것으로 이를 대신할 수 있다. 이 기준을 충족시키는 상장 기업 중 가장 유명한 곳이 바로 워런 버핏의 버크셔다.

전부 차지하거나
건드리지 말거나

버핏은 1960년대부터 기업을 통째로 사들이기 시작했다. 처음에는 상대적으로 규모가 작은 기업부터 인수했지만, 버크셔의 자금력이 강해지면서 버핏과 멍거는 점점 더 많은 기업을 통째로 인수했다. "버크셔의 사업 중 찰리와 내가 가장 재미를 느꼈던 것은 기업 인수였다. 우리는 경제적 입지와 경영 능력이 뛰어나고, 신뢰할 수 있고, 감탄할 수 있는 기업을 인수 대상으로 삼았다. 이런 기업을 인수할 기회는 자주 오지 않았지만 우리는 인수 대상을 꾸준히 살펴보고 있었다."[135]

버크셔는 1986년 복합 기업 스콧앤드피처, 1997년 데어리퀸, 2002년 프루트오브더룸, 2010년 벌링턴노던산타페, 2014년 듀라셀을 잇따라 인수했다. 현재 버크셔는 이러한 인수 작업을 통해 70개 이상의 기업을 소유하고 있다.[136]

성공한 지주 회사에 투자하라

기업을 통째로 인수하는 것 역시 대형 투자자들이나 가능한 일이다. 그러나 여러분과 같은 개인 투자자들도 유사한 방식의 투자를 할 수 있다. 지주 회사 주식에 투자해, 지주 회사에서 거둔 수익에 살짝 숟가락만 얹으면 된다. 여러분도 알다시피 대표적인 예가 버크셔다. 여러분도 주식 시장에서 '미니-버크셔'를 찾아보길 바란다.

부록

워런 버핏의 투자 적중률을 높이는 12가지 질문

더 클래식 워런 버핏 연대표

더 클래식 투자 용어 사전

워런 버핏의 투자 적중률을 높이는 12가지 질문

워런 버핏은 대체 어떻게 그토록 수많은 투자를 했음에도 큰 손실을 보지 않고 우수한 실적을 장기간 유지할 수 있었을까? 그는 어떤 주식 종목을 매수하기 전에 반드시 다음의 12가지 사항을 체크했다고 한다. 이 12가지 질문에 답하다 보면 무엇이 겉만 번지르르한 맹탕인지, 무엇이 속이 알찬 진짜 투자 대상인지 저절로 구분이 될 것이다. 버핏은 수십 년이 넘는 오랜 기간 동안 이 질문들을 늘 옆에 두며 전문 투자자로 활약했다.

1. 기업의 기본적 분석 데이터(PBR, PCR, PER, PSR, DY 등)가 주식을 매입해도 될 정도로 매력적인가?

2. 지난 10년간 사업이 탄탄하게 진행되었는가? 매출 악화나 스캔들 등은 없었는가?

3. 지난 5년간의 사업보고서를 읽고 비교해 보라. 경영자는 사업 목표를 달성했는가?

4. 내재가치 대비 25퍼센트 이상 할인되어 안전마진이 확보될 만큼 주가가 저평가되어 있는가?

5. 당신이 투자하고 싶은 업계에 대해 잘 알고 있는가? 해당 기업의 제품 혹은 서비스를 잘 알고 있는가?

6. 사업보고서, 증시 정보, 사업 과정 등 투자 대상 기업의 경영에 대해 긍정적인 인상을 갖고 있는가?

7. 언론에서는 투자 대상 기업 혹은 업계의 장기적 전망을 어떻게 평가하고 있는가?

8. 투자 대상 기업의 제품 혹은 서비스가 투자자들에게 리스크가 큰 하이테크 분야에 속해 있는가?

9. 투자 대상 기업이 20년 후에도 남아 있으리라 확신하는가?

10. 투자 대상 기업이 경쟁에도 무너지지 않을 해자, 이를테면 브랜드 인지도나 규모의 우위, 특허, 시장 장악력 등을 보유하고 있는가?

11. 최근 분석 결과에 의하면 투자 대상 기업이 20위 정도로 그저 그런 순위에 있는 기업인가? 투자 대상을 톱 10 리스트 중 오랫동안 시장에서 입

지를 굳혀온 기업으로 변경할 마음은 없는가?

12. 증시 분위기는 어떠한가? 강세장인 호황기에
투자하길 원하는가? 아니면 저가에 매수하기
위해 주가가 하락할 때까지 좀 더 기다리겠는
가?

더 클래식 워런 버핏 연대표

1930년 **출생**

8월 30일, 네브래스카주 오마하에서 태어났다.

1941년 **주식 투자 첫 도전**

누나 도리스와 함께 석유 및 천연가스 회사 시
티스서비스에 투자했다. 비록 큰 성과를 남기지
는 못했지만, 이것이 그의 기념비적인 첫 투자이
자 수익이었다.

1947년 **펜실베이니아대학교 와튼비즈니스스쿨 입학**

1950년 **컬럼비아대학교 대학원 과정 합격**

이때 버핏은 스승 벤저민 그레이엄과 데이비드

도드를 만났고, 여기서 빌 루안, 프레드 스탠백, 월터 슐로스 등 인생의 친구들을 사귀었다.

1951년   **버핏-포크앤드컴퍼니 입사**

아버지 하워드 버핏의 회사에서 주식중개인으로 커리어를 시작했다.

1954년   **그레이엄-뉴먼 투자회사 입성**

스승 벤저민 그레이엄의 회사에서 버핏은 1년 만에 뛰어난 실력을 입증하며 회사의 다크호스로 떠올랐다. 그러나 그레이엄이 61세의 나이로 은퇴하고 회사를 정리하자 버핏은 고향으로 돌아왔다.

1956년   **버핏어소시에이츠 투자조합 설립**

보험사 내셔널아메리칸파이어에 투자해 최초로 대성공을 거두었다.

1959년   **찰리 멍거와의 만남**

1962년   **버핏파트너십 설립**

당시 11개에 달하던 투자조합을 해체하고 한 개
의 조합으로 합병했다. 그리고 버크셔해서웨이
의 주식을 매수했다.

1966년   **디버시파이드리테일링 설립**

멍거, 데이비드 고츠만과 함께했다. 이들은 호크
실드콘백화점, 어소시에이티드코튼숍 등 소매
기업을 매수하기 시작했다.

1969년   **버핏파트너십 해체**

하지만 투자를 그만둔 건 아니었다. 버핏은 버크
셔해서웨이와 디버시파이드리테일링의 주식을
계속 매수하고 블루칩스탬프스라는 경품권 발
행 회사를 인수했다.

1972년   **씨즈캔디 매수**

멍거의 설득 끝에 처음으로 '품질에 대한 값'을
지불한 투자였다.

1977년 버펄로이브닝포스트 매수

1983년 네브래스카퍼니처마트 매수

1987년 **투자은행 살로몬브러더스 주식 매입**
그러나 살로몬브러더스는 한 직원의 불법 행위와 지나친 상여금 등으로 '부도덕한 투자회사'로 낙인찍혔고, 국채 전문딜러 허가까지 박탈당할 위기에 놓이게 된다. 버핏은 살로몬을 구제하기 위해 임시 회장직을 맡아 마침내 주가를 회복시킨다.

1989년 **버크셔해서웨이, 《포천》 500대 기업으로 선정**

1992년 **살로몬브러더스 회장직 사임**

1996년 **버크셔해서웨이, B주식 도입**

1998년 **대대적인 기업 인수 시작**

패스트푸드 체인 데어리퀸, 항공사 넷제츠, 재보험사 제너럴리, 미드아메리칸에너지 등을 인수했다.

2004년   버크셔해서웨이, 《포브스》 세계 2000대 상장 기업 선정

《포브스》가 선정한 세계 2000대 상장 기업 중 14위에 올랐다. 이때 연매출은 562억 2000만 달러였다.

2006년   버핏의 버크셔해서웨이 지분 기부 발표

버핏은 자신이 보유한 버크셔 지분의 85퍼센트를 사회 재단에 기부하겠다고 밝혔다. 이 재단 중에는 빌앤드멀린다게이츠 재단도 포함돼 있었다.

2008년   버핏, 《포브스》 세계 갑부 리스트 선정

2016년   버크셔해서웨이, 275억 달러 순이익 달성

버핏은 53년 중 41년 동안 사업에서 흑자를 냈

다. 버크셔해서웨이의 BPS가 하락한 건 오직 2001년과 2008년뿐이다.

더 클래식 투자 용어 사전

가치 상승형 펀드

특정한 투자 철학에 얽매이지 않고 자유롭게 구성된 펀드.
피터 린치의 마젤란 펀드가 대표적인 가치 상승형 펀드다.

가치투자

증권 분석의 한 방법으로, 기본적 분석의 변형이다. 가치투
자자들은 가격(주가)이 한 기업의 내재가치보다 낮을 때 투
자한다. 일반적으로 이런 기업의 주가수익비율은 낮고 배
당수익률은 평균치보다 높다. 가치투자자의 목표는 저평가
된 기업을 골라 투자하는 것이다. 가치투자는 1930년대에
미국의 투자가 벤저민 그레이엄과 데이비드 도드가 개발
했다.

공개 매수

특정 기업에 대한 통제권을 얻을 목적으로 주식을 대량으로 매수하는 행위. 기업에 대한 통제권은 해당 기업 주식의 30퍼센트 이상을 매수하면 얻을 수 있다.

공매도

매도 시점에 시장 참여자들의 소유 상태가 규정되지 않은 상태에서 주식, 상품, 외환 등이 매도되는 경우를 일컫는다. 일반적으로 나중에 더 낮은 가격으로 주식을 매입하려는 투자자들이 공매도를 이용한다.

관리 수수료

운용되고 있는 투자 펀드에 대해 펀드 소유주에게 매년 부과되는 수수료를 말한다. 이 수수료는 펀드 자산에서 공제되므로 그만큼 펀드 수익도 줄어든다.

국가 펀드

특정 국가의 기업에 투자하는 펀드. 수익률 변동 폭이 크지 않아 국가 펀드 투자자들은 인내심이 필요하다. 반주기적

매도에 치우치는 경향이 있으며 일반적으로 수수료가 높은 편이다. 환율 리스크가 결코 적지 않다는 것에도 유의해야 한다.

글로벌 주식 예탁증서

'GDR(Global Depository Receipts)'라고도 불린다. 증시에서 주식을 대리 거래할 수 있도록 허용하는 채무 증서 혹은 예탁 증서를 일컫는다. 미국 예탁증서와 마찬가지로 주식을 수탁하고 있는 금융기관에서 발행하지만, 글로벌 주식 예탁증서는 비미국계 금융 기관에서 발행한다는 점에서 다르다. 미국 예탁증서는 국내 증시에 상장되지 않은 해외 주식을 거래할 때 사용되는 대체 증권이다.

금융 지표

한 기업의 경제적 성과를 평가하는 모든 경영 지표를 말한다. 대표적인 예로 배당수익률, 자기자본비율, 자기자본수익률, 주가수익비율, 주가장부가치비율, 주가현금흐름비율, 주가매출비율 등이 있다.

기본적 분석

대차대조표 수치, 주가수익비율, 배당수익률 등 경영에 관한 기본 데이터를 바탕으로 기업을 평가하는 분석법.

기술적 분석

주식 시세를 중심으로 주가의 미래 가치를 분석하는 방법으로, 여기에서는 차트 분석을 의미한다. 과거 시세를 바탕으로 향후 주가 동향을 귀납적으로 추론한다.

기업 공개

주식회사가 주식 시장에 처음 상장하거나 첫 매도하는 것을 의미한다. 'IPO(Initial Public Offering)'라고도 불린다.

기업 사냥꾼

차익만 즉시 챙기고 빠지는 투자자들을 일컫는 표현이다. 이런 투자자들은 인수된 기업을 통해 메뚜기 떼처럼 달려든다.

내재가치

대차대조표 혹은 금융 지표 분석을 바탕으로 평가된 한 기업의 가치. 내재가치는 자기자본과 숨은 자산의 합을 주식의 수로 나눈 것이다. 내재가치가 현재 주가보다 (월등히) 높을 때 주식은 저평가된 것으로 평가할 수 있다.

다우존스 산업 평균 지수

약칭 '다우지수'로 불리며 미국 투자 시장을 대표하는 주가지수다. 세계에서 가장 오래된 주가지수로, 1884년 찰스 다우가 산출했다. 참고로 미국 30대 상장 기업의 평균 주가지수인 다우지수는 주가지수가 아니라 시세지수다. 다우존스 산업 평균 지수는 배당금의 영향을 받지 않는다.

담배꽁초 전략

워런 버핏은 스승 벤저민 그레이엄이 주식을 선정하는 전략을 담배꽁초 전략이라고 표현했다. 마지막 한 모금의 가치는 남아 있으나 담배꽁초처럼 버려지는 기업들이 있다. 담배꽁초를 주우면 공짜로 한 모금 피울 수 있듯이 이런 기업의 주식을 모아 투자해 수익을 올리는 전략이다.

대차대조표

특정 시점 한 기업의 자산 상태를 비교해 놓은 표를 의미한다. 대차대조표의 차변에는 지출 내역을, 대변에는 자본의 출처를 기록한다. 모든 주식 투자의 기본 데이터로 활용되는 매우 중요한 지표다.

대형주

시가총액과 주가가 두루 높은 대기업 주식. 동의어로 '블루칩'이 있다.

더치 옥션

역경매라고도 한다. 더치 옥션은 매도자가 최고 호가에서 점점 가격을 낮추면서 매수자에게 가격을 제안하는 방식으로, 최초의 매수 희망자가 낙찰된다. 가장 낮은 가격부터 시작해 최고 호가를 낙찰시키는 일반 경매 방식과 달리 경매 시작 후 처음으로 매수를 희망하는 사람에게 낙찰되는 방식이라서 경매가 오래 걸리지 않는다. 더치 옥션 방식은 네덜란드의 꽃 거래 시장에서 사용한 것에서 유래해 '네덜란드식 경매'라고도 불린다.

데이비드 도드

미국의 경제학자이자 투자가. 그는 벤저민 그레이엄과 함께 컬럼비아대학교에서 가치투자 전략을 연구했다.

독일 종합주가지수

'독일 닥스 지수'라고도 불린다. 프랑크푸르트 증시에 상장된 기업 중 30대 기업을 대상으로 구성된 종합주가지수로, 세계 투자 시장에서 네 번째로 규모가 큰 독일 증시의 동향을 판단하는 지표다.

레버리지 상품

외부 자본을 투입하면 자기자본수익률이 높아질 수 있다. 투자 영역에서는 레버리지 효과는 소위 파생상품, 선물, 옵션, 레버리지 채무 증서 혹은 차액 결제 거래 등을 통해서 얻을 수 있다. 기준가가 원래 예상했던 방향대로 발전하면 상승 쪽으로 기울고, 기준가가 예상했던 것과 반대 방향으로 발전하면 손실 쪽으로 기운다.

마켓 멀티플

특정 주가지수의 평균주가수익비율을 말한다. 예를 들어 다우지수의 마켓 멀티플은 지난 약 30년간 평균 18을 기록했다.

머니마켓펀드

약칭 'MMF(Money Market Fund)'라고 불린다. 초단기 운용 채권에만 투자하는 채권 펀드를 말한다. 머니마켓펀드는 시장과 가장 유사한 금리를 달성하는 것을 목표로 한다.

메뚜기

수익이 발생한 즉시 수익만 챙기고 빠지는 투자자들을 일컫는 표현이다. 기업을 향해 메뚜기 떼처럼 달려든다고 해서 이런 별명이 붙었다.

미국 예탁증서

'ADR(American Depository Receipts)'라고 불린다. 증시에서 주식을 대리 거래할 수 있도록 허용하는 채무 증서 혹은 예탁 증서를 말한다. 주식을 수탁하고 있는 미국의 금융 기관에서 발행한다. 국내 증시에 상장되지 않은 해외 주식을 거래할 때 사용되는 대체 증권으로 활용되기도 한다.

미국 증권거래위원회

줄여서 'SEC(Securities and Exchange Commission)'라고 부른다. 워싱턴 D.C.에 있으며 미국의 주식 시장을 감독하는 기관이다.

발행 수수료

투자 펀드를 발행할 때 처음 한 번 부과되는 매입 수수료를 일컫는다.

발행인(발행기관)

유가증권(기업, 은행, 보험, 국가)을 발행하는 사람 혹은 기관을 말한다. 발행된 유가증권은 주식이 될 수도 있고 채권이 될 수도 있다.

배당금

수익에 참여하는 행위에 대한 대가. 규모와 지급 횟수 등은 주식회사의 주주총회에서 결의한다. 독일에서는 1년에 1회 배당금을 지급하는 것이 일반적이나, 미국에서는 1년에 4회 배당금을 지급한다. 배당금 지급일에 주주는 반드시 해당 주식을 보유하고 있어야 한다.

버나드 바루크

미국의 금융가이자 주식 투자자, 정치 자문, 자선가였다. 뉴욕 증시에서 성공하면서 그는 '월스트리트의 왕'으로 알려졌다. 바루크는 미국의 여러 대통령의 정치 자문을 담당했을 뿐만 아니라, 윈스턴 처칠 영국 총리 내각에서도 잠시 일했다.

버크셔해서웨이

1955년 섬유 기업 버크셔와 해서웨이는 버크셔해서웨이로 합병되었다. 후속 절차로 1966년 워런 버핏은 버크셔해서웨이 주식을 매수하기 시작해 이사회 임원 자리에 올랐다. 이후 사양길로 접어든 섬유 산업을 정리하고 수익성 높은 사업을 중심으로 버크셔해서웨이의 자본이 투자되었다. 1985년 버크셔해서웨이는 워런 버핏 회장과 찰리 멍거 부

회장의 경영 체제하에 순수하게 투자 지주회사 역할만 하고 있다.

법인

고유한 권리능력을 갖는 조직(기업이나 기관 투자가 등)을 말한다. 이때의 법인은 자연인에 대비되는 개념이다. 예를 들어 주식회사도 일종의 법인이다.

베어 마켓

마치 곰이 하염없이 엎드려 잠을 자듯 하락세가 지속되는 장을 일컫는다. '약세장'이라고도 한다.

베타

전체 시장과 비교해 주식의 변동성을 측정하는 단위다. 시장 지수의 베타는 1이다. 베타가 1 이상인 경우 지수보다 크게 변동하거나 상승하는 것으로 평가할 수 있다. 베타 계수가 높은 주식일수록 리스크가 크다.

벤저민 그레이엄

미국의 경제학자이자 투자자다. 데이비드 도드와 함께 뉴
욕 컬럼비아대학교에서 기본적 분석을 개발했다. 훗날 투
자의 대가가 되는 존 템플턴과 워런 버핏도 당시 그의 제
자였다.

보통주

보통주 소유주는 정기 주주총회에서 발언권을 갖는다. 발
언권이 없는 주식을 우선주라고 한다.

부채율

한 기업의 자기자본에 대한 외부자본 비율을 일컫는다. 부
채율이 2라는 것은 그 기업의 외부자본이 자기자본의 2배
라는 뜻이다.

분산투자

투자 원금의 손실 위험을 줄이기 위한 투자법이다. 투자자
들은 자신이 보유하고 있는 투자 자금을 다양한 주식이나
채권, 펀드 등의 투자 유형으로 분산시켜 증시가 어떻게 변

하더라도 한꺼번에 악화되지 않도록 대비한다. 그러나 워런 버핏은 지나치게 광범위하게 분산투자하는 전략은 투자수익률을 떨어뜨린다며 거듭 경고한 바 있다.

불 마켓

마치 황소가 돌진하듯 상승세가 지속되는 장을 일컫는다. '강세장'이라고도 한다.

브로커

고객에게 주식을 매수하거나 매입하는 주식 중개인을 말한다. 투자 은행에서 고객을 위해 유가증권을 관리하거나 고객의 요청 사항을 처리하는 이들에게도 같은 명칭을 사용한다.

블루칩

대형 주식회사 중에서도 매출이 높은 주식을 블루칩이라고 한다.

상장지수펀드

'ETF(Exchange Traded Funds)'라고 불린다. 자산 구조가 지수를 기준으로 구성되고 평가되는 투자 펀드를 말한다. 상장지수펀드 관리는 큰 규모의 분석팀 없이 가능하기 때문에 관리 비용이 저렴하다. 상장지수펀드는 거의 모든 투자 유형에 적용할 수 있다. 상장지수펀드로 투자자들은 주식, 원자재, 채권, 파생상품 등에 손쉽게 투자할 수 있다.

상품가격연동증권

'ETC(Exchange Traded Commodities)'라고도 부른다. 유가증권을 발행하는 기관에서 기간 제한 없이 발행하는 채권 증서로, 항상 상품과 관련이 있다. 예를 들어 귀금속 상품가격연동증권은 금을 기준가로 삼는다. 유가증권거래소에서 거래된다.

선물

지정된 분량의 상품을 구체적인 가격과 정해진 기간 내에 매수 혹은 매도한다는 내용을 합의한 일종의 계약서다. 주식 시장에서 거래되는 선물을 '금융 선물'이라고 한다.

상향식 접근 방식

기업이나 주식을 분석할 때 전반적인 경제 동향과 시장 진단의 영향을 받지 않고 주식 그 자체의 가치와 미래 전망 등에만 집중하는 분석 방법. 이런 방식을 따르는 투자자들을 '보텀업 투자자'라고 부른다.

샌디 고츠먼

미국의 성공한 투자 전문가다. 1964년 그는 뉴욕에 투자 컨설팅 회사 퍼스트맨해튼을 설립했다. 초창기부터 그는 버크셔해서웨이에 투자해왔으며, 2003년 이사회 임원으로 임명되었다.

성과지수

자본 변동이나 배당금 규모를 반영해 평가하는 지수. 성과지수의 대표적인 예가 '닥스 지수'다. 성과지수에 대응되는 개념을 시세지수라고 한다.

성장형 펀드

주로 평균 이상의 실적을 달성하고 강한 성장 잠재력을 제공하는 기업의 주식에 투자한다. 대표적인 예로 '템플턴 그로스 펀드'가 있다.

섹터 펀드

석유 산업, 자동차 산업, 소비재 산업 등 특정 업종에만 투자하는 펀드.

소형주

시가총액 및 주가가 낮은 소기업 주식을 말한다.

수익

수익의 종류에도 여러 가지가 있다. 자기자본수익은 투입된 자기자본에 대한 이자를 말하고, 총수익은 투입된 자기자본과 외부자본에 대한 이자를 말한다. 매출수익은 일정 기간 동안의 수익을 백분율로 나타낸 것이다.

수익률

이자 수입이나 투자 수익을 원금으로 나눈 값이다.

스탠더드앤드푸어스 500 지수

약칭으로 'S&P 500(Standard & Poor's 500) 지수'로 부른다. 미국 주식 시장을 대표하는 지수다. 미국 500대 기업의 주가를 반영시켜 산출하며, 다우존스 산업 평균 지수와 마찬가지로 미국 경제 상태를 정확하게 반영하고 있다.

스톡피커

상장 기업 혹은 상장 기업의 주식을 계획적으로 투자하는 투자자들을 일컫는다.

스프레드(가산금리)

유가증권을 매수하거나 매도할 때 시세의 차익을 말한다.

시가총액

상장된 특정 기업 주식의 총 평가액을 말한다. 시가총액은 주가와 유통 주식 수를 곱하여 산출한다.

시세지수

성과지수와 달리 주식 그룹의 시세 동향만을 나타낸다. 시세지수에는 자본 변경 이력이나 배당금 규모 추이 등은 반영되지 않는다.

실적

주식, 투자 펀드, 상장 기업에 대한 자금 투자의 모든 시세 변동을 나타내는 개념이다.

안전마진

주식을 매수할 때 손실 위험을 방어하는 쿠션. 가치투자자들은 안전마진을 확보하기 위해 늘 투자하기 전에 해당 투자 기업의 내재가치를 추정한다. 가치투자자들은 내재가치에 비해 주가가 약 20~25퍼센트 이상 저렴할 경우 안전마진이 확보되었다고 평가한다.

액면분할

고가의 주식을 외관상으로 매력적으로 보이게 하기 위한 조치다. 주식의 액면가를 분할하는 것이므로 주식 수는 증가하지만 자본금은 동일하다. 액면분할을 하면 주가가 하락한다. 주가가 낮아지기 때문에 신규 투자자들에게는 진입 장벽이 낮아진다. 기존 주주들은 액면분할로 무상증자를 하지만, 주식의 가치는 동일하다. 액면분할로 주식의 수가 두 배로 늘어나는 경우 기존의 주주들은 두 배의 무상증자를 하는 셈이다.

연금기금

법적으로 독립적인 기관으로, 한 명 이상의 고용인이 피고용인에게 기업의 자본으로 운용되는 노령연금을 지급하도록 되어 있다. 피고용인은 연금기금에 지급을 청구할 권리를 갖는다. 연금기금은 평생 분할 지급받거나 일시금으로 지급받을 수 있다. 독일에서는 연금기금의 최대 90퍼센트를 주식에 투자할 수 있다. 연금기금으로 채권, 투자 펀드, 부동산, 채무 증서 등에 제한 없이 투자할 수 있다. 연금기금을 잘 활용하면 투자에서 큰 이득을 볼 수 있다.

외부자본

한 기업의 채무와 예비비로 구성된다. 쉽게 말해 대출, 저당 등을 뜻한다. 한 기업에 제공하는 모든 외부 자본을 뜻한다. 대차대조표에는 채무로 기입된다. 외부자본에 대비되는 개념은 자기자본이다.

우선주

수익 분배에 우선권을 갖는 주식으로 보통주보다 할당되는 배당금이 많다. 그러나 우선주 소유주는 정기주주총회에서 발언권이 없다.

우호적 매수

공개 매수 계획 발표 전에 매수자와 피매수자가 합의에 도달한 경우를 뜻한다.

워런 버핏

미국의 가치투자자이자 대부호다. 투자사 버크셔해서웨이를 설립했다. 버크셔해서웨이의 'A주식'은 전 세계에 상장된 주식 중 가장 시세가 높다.

이사회

주식회사의 세 조직 가운데 하나다. 주식회사 이사회의 핵심 업무는 기업을 관리하고 법정과 법정 외에서 기업을 대표하는 것이다.

인덱스 펀드

다우지수 등 주가지수를 모방하는 주식 펀드를 말한다. 현재는 대개 상장지수펀드라는 의미로 사용된다.

잉여현금흐름

투자에 당장은 필요하지 않은 현금흐름을 일컫는다.

자기자본

한 기업의 자기자본은 기업의 자산에서 부채를 공제한 것이다. 달리 표현해 자기자본은 창업자가 기업에 투자한 자본과 기업 활동을 통해 벌어들인 모든 수익을 말한다. 자기자본에 대비되는 개념은 외부자본이다.

자기자본비율

한 기업의 총자본(대차대조표 총액)에 대한 자기자본의 비중을 나타내는 금융 지표다. 자기자본비율은 한 기업의 자본 구조와 기업의 신뢰성에 관한 정보를 제공한다. 권장되는 자기자본비율은 업종에 따라 다르다.

자기자본수익률

관찰 기간 동안 한 기업의 자기자본에 얼마나 많은 수익이
발생했는지 알려주는 지표. 수익을 자기자본으로 나눈 값
이다.

자본

한 기업의 자본은 자기자본과 외부자본으로 구성된다. 대
차대조표에서 부채라고 표현한다.

장부가치

한 기업의 자산 가치(현재 자산)에서 부채를 차감한 것이 장
부가치다.

장외 거래

장외에서 주식을 거래할 경우에 사용되는 개념이다. 'OTC'
라고도 불리는데, OTC는 영어로 'Over The Counter'약자
다. 이는 '계산대 뒤에서'라는 뜻이다.

재무상태표

한 기업의 모든 재무 현황을 일목요연하게 정리한 문서.

적대적 매수

이사회, 감독위원회, 종업원의 사전 합의 없이 이뤄지는 주식회사의 공개매수.

전환 사채

채권의 일종으로, 주식회사에서 외부 자금을 조달할 목적으로 발행할 수 있다. 전환 사채의 보유자는 정해진 기간에 해당 기업의 주식으로 전환할 수 있다. 주식으로 전환하지 않으면 채권과 동일하다.

정기 주주총회

법으로 정해진 주주들의 모임으로, 한 기업의 보통주 보유자는 누구나 이사회의 초청을 받아야 한다. 정기 주주총회는 1년에 한 번 개최된다. 특별 안건이 있는 경우 임시 주주총회 소집도 가능하다. 정기 주주총회에서 이사회와 감독위원회, 이른바 주식회사 이사회의 업무 집행이 승인되고, 수익 사용이나 정관 결정을 결의한다. 증자, 인수 등 중차대한 사안을 협의한다.

정크 본드

'쓰레기 채권'이라는 뜻으로 원리금 상환 불이행의 위험이 큰 채권을 말한다. 재정 상태가 취약해 은행의 대출 승인을 받을 수 없는 기업들이 정크 본드를 발행한다. 리스크가 높기 때문에 일반적으로 금리가 높다.

존 템플턴

템플턴 그로스 펀드를 설립하였으며, 주식 역사상 가장 성공한 펀드매니저로 손꼽히는 인물이다.

주가 변동성

일정한 관찰 기간에 대한 한 주식의 표준편차(변동폭)를 일컫는다.

주가지수

주식 시장의 시세 변동을 수치로 나타낸 것이다.

주가매출비율

'PSR(Price Sales Ratio)'라고도 불린다. 특히 손실을 입은 주식의 가치를 평가하는 데 사용된다. 공산품 기업, 도매업, 원료 제조업 등 수익이 경기 동향에 좌우되는 주기성 주식의 경우, 주가매출비율을 평가의 기준으로 삼는다. 주가매출비율이 비교적 낮은 기업은 그렇지 않은 기업에 비해 가격 조건이 유리하다고 간주한다. 주가매출비율은 특정 종목의 시가 총액을 1주당 매출액으로 나눠 계산한다.

주가수익비율

'PER(Price Earning Ratio)'이라고 부른다. 한 기업의 주가가 현재 수익의 몇 배인지를 나타내는 금융 지표다. 주가수익비율은 주식 평가 시 가장 많이 사용되는 지표다. 그러나 손실을 입었을 경우 주가수익비율은 평가 기준으로 설득력이 없다. 이 경우에는 주가현금흐름비율을 기준으로 적용한다. 주가수익비율은 주가를 주가순이익으로 나눠 계산한다.

주가장부가치비율

'PBR(Price Book Value Ratio)'이라고 부른다. 주가장부가치비율은 워런 버핏, 벤저민 그레이엄 등의 가치투자자들이 주식과 기업을 평가하는 데 주로 사용했다. 주가장부가치비율이 낮을수록 주가가 낮다. 주가장부가치비율은 가치투자에서 특히 많이 사용된다. 주가장부가치비율은 주가를 주가장부가치로 나눠 계산한다. '주가순자산비율'이라고도 한다.

주가순이익성장비율

'PEG(Price Earnings to Growth Ratio)'이라고 부른다. 주가순이익성장비율은 성장주가 저평가 혹은 고평가되었는지 판단하는 기준으로 활용된다. 주가순이익성장비율이 1보다 낮은 경우 저평가되었다는 뜻이다.

주가현금흐름비율

'PCR(Price Cashflow Ratio)'이라고 부른다. 유동성을 가늠하는 금융 지표다. 손실이 발생한 경우 주가수익비율 대신 주가현금흐름비율이 적용된다. 이 경우 주가수익비율은 유동성 평가 기준으로서 설득력이 없기 때문이다. 특히 주가현금흐름비율은 기업 경영진이 분식 회계를 하는 경우 타격을 적게 입는다. 주가현금흐름비율이 낮을수록 주식의 가치가 높다.

주식

주식회사에 대한 지분을 증서로 발행한 유가증권이다. 주식 소유주(주주)는 기본적으로 주식회사의 사원이다. 주식회사는 주주에게 주식을 매도하여 자기자본을 마련한다.

주식 병합

주식을 병합하면 한 기업에서 발행한 주식의 수가 감소하거나, 주식의 액면가가 상승한다. 주식 병합 결과 분할 비율에 따라 주가가 상승한다. 예를 들어 주식이 지나치게 낮은 가격으로 거래될 때 주식 병합이 이뤄진다. 바로 이때 페니스톡을 노리고 투자자들이 몰려들기도 한다. 주식 병합의 반대 개념은 액면분할이다.

주식 옵션

계약으로 합의된 권리를 말한다. 주식 옵션은 거래 기간이 한정되어 있다. 대표적으로 콜옵션과 풋옵션 등이 있다. 콜옵션은 옵션 거래 기간 동안 미리 정해 놓은 가격(행사 가격)에 정해진 수만큼 매입할 수 있는 권리를 보장한다. 풋옵션은 주식 시세가 상승할 때 적은 자본을 투입해 시세 차익을 노리는 투기 목적으로 이용된다. 따라서 풋옵션은 시장이 하락할 때 포트폴리오를 방어하는 안전장치로 활용된다.

주식 환매

주식회사가 자사에서 발행한 주식을 다시 매입하는 것을 주식 환매라고 한다. 일반적으로 주식 환매 후에는 주식의 가치가 상승한다. 또는 기업 인수를 막기 위한 조치로 주식 환매가 이루어지기도 한다.

주식형 펀드

펀드매니저가 관리하는 특별 자산으로, 다양한 주식에 투자하는 펀드다. 주식형 펀드 외에도 부동산 펀드, 연금 펀드, 혼합형 펀드가 있다.

주식회사

주식법 1조에 의하면 주식회사는 고유의 법인격이 있는 회사다. 주식에는 주식회사의 자본이 분할되어 있다. 주식회사는 자사 주식을 증시에 상장시킬 수도 있고, 증시를 통해 매도나 재매수할 수 있다.

증거금

흔히 레버리지 투자를 하는 매수자들이 결제를 이행할 때 지불하는 보증금을 말한다. 증거금은 투기가 잘못되었을 때 손실을 청산하는 데 사용된다. 선물 거래나 공매도에서도 증거금이 필요하다.

증권 분석

적절한 종목을 선정하기 위해 유가증권을 체계적으로 연구하고 분석하는 과정을 말한다. 증권 분석 결과는 주식 매수, 보유, 매도를 판단하는 자료로 사용된다. 실무적으로는 세 종류의 증권 분석 방식이 있다. 기본적 분석, 기술적 분석, 심리 분석 등이 그것들이다.

증시

주식 (혹은 다른 상품)이 거래되는 장소를 말한다. 뉴욕, 런던, 도쿄에 위치한 증권거래소가 가장 대표적이다.

짐 로저스

이른 나리에 주식 투자로 대성공을 거둔 미국의 투자자다. 로저스는 원자재 투자의 황제이자 중국 투자자로도 유명하다.

차액 결제 거래

약어로 'CFD(Contracts for Difference)'라고 불린다. 주식, 원자재, 통화 거래 시에는 시세 차익이 발생한다. 차액 결제 거래는 거래 당사자 간 이러한 시세 차익을 합의시켜주는 일종의 지불 합의다. 차액 결제 거래는 트레이더에게 일정한 기준을 정하지 않고 시세를 정할 수 있도록 허용한다. 차액 결제 거래는 투기성이 강하고 높은 수익을 달성할 수 있다는 점에서 매력적이다. 레버리지 효과가 발생하는 금융 상품으로, 자본을 적게 투입해서 수익을 크게 올릴 수 있다.

차익 거래

시간, 공간이 달라질 때 발생하는 가격 차이를 활용하는 투자법. 예를 들어 여러 지역에서 한 주식에 투자하는 경우 시세가 다를 수 있다. 이 경우 시세가 저렴한 지역에서 주식을 매입해, 더 높은 시세로 다른 지역에서 매도하면 시세 차익을 얻을 수 있다. 하지만 전자상거래 도입으로 시장의 투명성이 꾸준히 증가하면서 유가증권의 차익 거래는 그 의미를 잃고 있다.

찰리 멍거

미국의 법률가이자 가치투자자. 1978년부터 버크셔해서웨이의 부회장으로 활약 중이다.

채권

고정 금리의 유가증권을 말한다. 채권은 은행, 기업, 지방자치단체 등 여러 기관에서 발행한다.

채권 펀드

주로 채권에 투자하는 투자 펀드를 말한다. 채권 펀드에 투자할 경우 특히 금리가 인하되는 시기에 수익을 얻을 수 있다.

채무

한 기업이 공개적으로 책임져야 부채의 총합을 일컫는다. 은행 대출, 각 기업이 발행한 채권(회사채), 고객이 아직 지불하지 않은 할부금 등을 모두 포함한다. 한 기업의 채무는 대차대조표의 대변에 기입한다.

청산

파생상품, 유가증권, 외환 등을 매입하거나 매도할 때 상쇄 거래를 통해 기존의 부채를 정리하는 것을 뜻한다.

총자본수익률

한 기업이 자본으로 만들어낸 수익의 비율을 뜻한다. 어떤 기업의 총자본수익률이 10퍼센트라는 것은 이 기업이 100달러의 자본을 투입해 10달러의 수익을 거뒀다는 뜻이다.

총자산이익률

한 기업이 자산으로 벌어들인 모든 당기순이익의 비율을 뜻한다. 총자산이익률이 10퍼센트라면 100달러의 자산을 투입해 10달러의 당기순이익을 거뒀다는 뜻이다.

퀀텀 펀드

전설적인 투자자 조지 소로스와 짐 로저스가 설립한 헤지 펀드.

퀄리티 성장 펀드

지속적인 성장세를 유지하고, 매년 최소 15퍼센트 이상의 수익 증가율을 보이는 중형 및 대형 기업들로만 이루어진 펀드를 부르는 명칭.

턴어라운드

어떤 기업이나 종목이 조직 개혁과 경영 혁신을 통해 실적이 개선되는 상황을 뜻한다.

투기꾼

장기적으로 투자할 목적이 아니라 단기적인 이익을 취하기 위해 주식을 매입한다. 투기꾼들은 리스크가 높은 주식에도 자주 투자한다. 독일어에서 '투기꾼'과 '무책임한 행위'는 동의어로 통한다.

투자 펀드

주식형 펀드, 부동산 펀드, 원자재 펀드, 채권 펀드 등으로 나뉜다. 여러 유형의 펀드에 투자하는 혼합형 펀드와, 여러 혼합형 펀드에 재투자하는 펀드 오브 펀드(재간접 펀드)로 구분하기도 한다. 투자 펀드를 구분하는 또 다른 기준은 접근성이다. 접근성에 따라 투자 펀드는 개방형 펀드와 폐쇄형 펀드로 구분된다. 개방형 펀드의 경우 언제든 채권을 거래할 수 있다. 폐쇄형 펀드인 경우 공모 기간에만 취득할 수 있고 만기가 되면 자본 회사는 펀드를 회수한다.

투자 지표

한 기업의 기본적 성과를 평가하는 모든 지표를 말한다. 배당수익률, 자기자본비율, 자기자본이익률, 주가수익비율,

주가장부가치비율, 주가현금흐름비율, 주가매출비율 등이 포함된다.

트레이더

단기간에 유가증권을 매입하고 매도하는 전문 투자자. 이들은 수익성이 높은 분야에 투자해 시세 차익을 노린다.

티본드

10년에서 30년 기간을 두고 운용되는 미국의 단기 국채.

티빌

재무성 단기 증권. 한 달이나 1년 동안만 운용되는 미국의 단기 국채를 일컫는다.

파생상품

다른 금융상품의 시세 변동(기준치)에 따라 가격이 정해지는 금융상품. 파생상품은 각 기준치의 시세 변동을 크게 체감할 수 있도록, 즉 레버리지 효과를 낼 수 있도록 구성되어 있다. 파생상품은 주가가 하락했을 경우 손실에 대비할 수 있을 뿐만 아니라, 기준치보다 주가가 상승했을 때 수익을 얻을 수 있다. 가장 많이 거래되는 파생상품으로는 채무증서, 옵션, 선물, 차액 결제 거래 등이 있다.

펀드

라틴어에서 온 개념으로, 원래는 토지나 땅의 규모를 헤아리는 단위로 활용됐다. 자본주의 시대로 넘어와 펀드라는 단어는 자산과 자본을 아우르는 상위 개념으로 통용되고 있다. 투자 시장에서는 모든 투자 대상을 지칭하는 단어로 쓰인다.

펀드매니저

펀드를 관리하는 사람. 그들이 하는 일은 펀드 자산의 수익률을 최대한 높이고 투자하는 것이다. 펀드매니저는 투자 상황, 투자 원칙, 법적 투자 범위 내에서 투자를 결정한다. 피터 린치와 존 템플턴은 투자 역사에서 가장 성공한 펀드매니저로 손꼽힌다.

페니스톡

아주 낮은 가격으로 거래되는 주식을 말한다. 유럽에서는 1유로 미만으로 거래되는 주식을 말한다. 미국에서는 5달러 미만으로 거래되는 주식을 페니스톡이라고 부른다. 페니스톡은 주가 변동이 잦고 투기자들이 가장 좋아하는 투기 대상이다.

포트폴리오

한 투자자가 투자한 모든 자산군을 총칭한다.

포트폴리오 이론

광범위하게 분산된 포트폴리오를 통해 유가증권 투자에서 발생할 수 있는 리스크를 줄일 수 있다고 주장하는 이론. 포트폴리오 이론에 의하면 다양한 주식을 한 계좌에 예탁했을 때 유용하다. 포트폴리오 이론은 노벨경제학상 수상자 해리 M. 마코위츠에 의해 개발되었다.

프리 플로트

주식 시장에서 거래되는 한 기업의 주식 거래량을 프리 플로트라고 한다. 특정 투자자들이 장기간 보유하고 있는 주식은 프리 플로트에 포함시키지 않는다.

피터 린치

피델리티 마젤란 펀드를 운용했으며 주식 역사상 가장 성공한 펀드매니저로 손꼽힌다.

하향식 접근 방식

추상적인 영역에서 점차 내려가 구체적인 영역으로 단계적으로 분석해나가는 투자 방식. 먼저 거시 경제와 업계의 전반적인 상황을 관찰하고, 특정 기업이나 원자재 등을 분석한다. '톱다운 투자'라고도 불린다. 이것과 반대되는 개념이 상향식 접근 방식(보텀업 투자)이다.

합병

두 개 이상의 독립적인 기업이 한 기업으로 합쳐지는 것을 말한다.

해자 전략

워런 버핏이 개발한 투자 전략. 한 기업이 경쟁업체가 절대로 이길 수 없는 경쟁 우위(해자)를 갖고 있다면, 이것은 매수의 근거가 될 수 있다. 버핏이 '절대 무너지지 않는 해자'로 판단하여 매수한 주식이 바로 코카콜라다. 이 덕분에 코카콜라도 해자를 갖게 되었다.

행동경제학

시장 참여자들이 보이는 비이성적인 행동을 심리학적으로 해석하는 경제 이론. 주식 시장에서 비이성적인 행동을 보이는 대표적인 예로, 벤저민 그레이엄이 만든 가상의 인물 '미스터 마켓'이 있다. 그레이엄은 미스터 마켓이라는 허구의 인물을 만들어 특정 상황에서 투자자들이 비이성적인 행동을 하는 이유를 설명했다.

헐값 매입 투자자

시세가 떨어질 때 공매도나 풋옵션 등으로 투기를 하는 사람.

현금흐름

서 한 기업의 유동성을 평가하는 기준이다. 캐시플로우는 한 기업에 유입되고 유출되는 현금의 차이로 인해 발생한다.

헤지펀드

매우 자유롭게 투자 정책을 적용할 수 있는 투자 펀드다. 헤지펀드는 주로 투기나 헤징(가격 변동으로 인한 손실을 막기 위해 실시하는 금융 거래 행위-옮긴이)을 목적으로 하는 파생상품이다. 파생상품의 레버리지 효과를 통해 막대한 수익을 올릴 수 있지만 그만큼 손실 리스크도 매우 크다.

효율적 시장 가설

줄여서 'EMH(Efficient Market Hypothesis)'라고도 부른다. 금융 시장을 두고 '가만히 두어도 저절로 돌아가는 완벽한 (효율적인) 시장'이라고 주장하는 이론. 시장에 관한 모든 정보는 짧은 시간 내에 모든 시장 참여자에게 제공되며, 따라서 금융 시장에서 가격(주가)은 항상 균형 상태를 유지한다고 주장한다. 효율적 시장 가설 지지자들은 장기적으로 금융 시장에서는 그 누구도 평균치를 웃도는 수익을 얻을 수 없다고 주장한다. 효율적 시장 가설은 노벨경제학상 수상자인 미국의 경제학자 유진 파마가 주창했다. 이후 존 템플턴, 워런 버핏, 벤저민 그레이엄과 같은 가치투자자들이 반론을 제기했다.

미주

1   Schroeder, Alice, Warren Buffett–Das Leben ist wie ein Schneeball, München 2010, S. 69.

2   Lowenstein, Roger, Buffett–Die Geschichte eines amerikanischen Kapitalisten, Kulmbach 2009, S. 23.

3   Hagstrom, Robert G., Warren Buffett–Sein Weg, Seine Methoden, Seine Strategie, Kulmbach 2017, S. 48 f.

4   Schroeder, Alice, Warren Buffett–Das Leben ist wie ein Schneeball, München 2010, S. 83.

5   Lowenstein, Roger, Buffett–Die Geschichte eines amerikanischen Kapitalisten, Kulmbach 2009, S. 38.

6   Schroeder, Alice, Warren Buffett–Das Leben ist wie ein Schneeball, München 2010, S. 89.

7   Schroeder, Alice, Warren Buffett–Das Leben ist wie ein Schneeball, München 2010, S. 92.

8   Schroeder, Alice, Warren Buffett–Das Leben ist wie ein Schneeball, München 2010, S. 96.

9   Schroeder, Alice, Warren Buffett–Das Leben ist wie ein Schneeball, München 2010, S. 116.

10 Lowenstein, Roger, Buffett–Die Geschichte eines amerikanischen Kapitalisten, Kulmbach 2009, S. 58.

11 Schroeder, Alice, Warren Buffett–Das Leben ist wie ein Schneeball, München 2010, S. 125.

12 Lowenstein, Roger, Buffett–Die Geschichte eines amerikanischen Kapitalisten, Kulmbach 2009, S. 63.

13 Hagstrom, Robert G., Warren Buffett–Sein Weg, Seine Methoden, Seine Strategie, Kulmbach 2017, S. 52.

14 Schroeder, Alice, Warren Buffett–Das Leben ist wie ein Schneeball, München 2010, S. 146.

15 Lowenstein, Roger, Buffett–Die Geschichte eines amerikanischen Kapitalisten, Kulmbach 2009, S. 64.

16 Schroeder, Alice, Warren Buffett–Das Leben ist wie ein Schneeball, München 2010, S. 152.

17 Davis, Lawrence James, Buffett takes stock, in: The New York Times–Magazine, 01.04.1990, S.2.

18 Lowenstein, Roger, Buffett–Die Geschichte eines amerikanischen Kapitalisten, Kulmbach 2009, S. 73.

19 Davis, Lawrence James, Buffett takes stock, in: The New York Times–Magazine, 01.04.1990, S.2.

20 Schroeder, Alice, Warren Buffett–Das Leben ist wie ein Schneeball, München 2010, S. 164.

21 Schroeder, Alice, Warren Buffett–Das Leben ist wie ein Schneeball, München 2010, S. 162.

22 Schroeder, Alice, Warren Buffett–Das Leben ist wie ein Schneeball, München 2010, S. 164 f.

23 Schroeder, Alice, Warren Buffett–Das Leben ist wie ein Schneeball,

München 2010, S. 166 f.

24 Hagstrom, Robert G., Warren Buffett–Sein Weg, Seine Methoden, Seine Strategie, Kulmbach 2017, S. 54.

25 Schroeder, Alice, Warren Buffett–Das Leben ist wie ein Schneeball, München 2010, S. 177.

26 Schroeder, Alice, Warren Buffett–Das Leben ist wie ein Schneeball, München 2010, S. 190.

27 Hagstrom, Robert G., Warren Buffett–Sein Weg, Seine Methoden, Seine Strategie, Kulmbach 2017, S. 54.

28 Office Memorandum, Goverment Employees Insurance Corporation, Buffett-Falk & Co. vom 09.10.1951.

29 Lowenstein, Roger, Buffett–Die Geschichte eines amerikanischen Kapitalisten, Kulmbach 2009, S. 96.

30 Schroeder, Alice, Warren Buffett–Das Leben ist wie ein Schneeball, München 2010, S. 212.

31 Schroeder, Alice, Warren Buffett–Das Leben ist wie ein Schneeball, München 2010, S. 214.

32 Schroeder, Alice, Warren Buffett–Das Leben ist wie ein Schneeball, München 2010, S. 228.

33 Schroeder, Alice, Warren Buffett–Das Leben ist wie ein Schneeball, München 2010, S. 229.

34 Lowenstein, Roger, Buffett–Die Geschichte eines amerikanischen Kapitalisten, Kulmbach 2009, S. 102.

35 Schroeder, Alice, Warren Buffett–Das Leben ist wie ein Schneeball, München 2010, S. 230.

36 Lowenstein, Roger, Buffett–Die Geschichte eines amerikanischen Kapitalisten, Kulmbach 2009, S. 105.

37 Schroeder, Alice, Warren Buffett–Das Leben ist wie ein Schneeball, München 2010, S. 242.

38 Hagstrom, Robert G., Warren Buffett–Sein Weg, Seine Methoden, Seine Strategie, Kulmbach 2017, S. 55.

39 Schroeder, Alice, Warren Buffett–Das Leben ist wie ein Schneeball, München 2010, S. 247.

40 Davis, Lawrence James, Buffett takes stock, in: The New York Times–Magazine, 01.04.1990, S.3.

41 Schroeder, Alice, Warren Buffett–Das Leben ist wie ein Schneeball, München 2010, S. 249.

42 Lowenstein, Roger, Buffett–Die Geschichte eines amerikanischen Kapitalisten, Kulmbach 2009, S. 130.

43 Schroeder, Alice, Warren Buffett–Das Leben ist wie ein Schneeball, München 2010, S. 260 ff.

44 Lowenstein, Roger, Buffett–Die Geschichte eines amerikanischen Kapitalisten, Kulmbach 2009, S. 125.

45 Schroeder, Alice, Warren Buffett–Das Leben ist wie ein Schneeball, München 2010, S. 280 f.

46 Schroeder, Alice, Warren Buffett–Das Leben ist wie ein Schneeball, München 2010, S. 294 ff.

47 Lowenstein, Roger, Buffett–Die Geschichte eines amerikanischen Kapitalisten, Kulmbach 2009, S. 140 f.

48 Lowenstein, Roger, Buffett–Die Geschichte eines amerikanischen Kapitalisten, Kulmbach 2009, S. 330 ff.

49 Hagstrom, Robert G., Warren Buffett–Sein Weg, Seine Methoden, Seine Strategie, Kulmbach 2017, S. 56 f.

50 Schroeder, Alice, Warren Buffett–Das Leben ist wie ein Schneeball,

München 2010, S. 338.

51 Schroeder, Alice, Warren Buffett–Das Leben ist wie ein Schneeball, München 2010, S. 350 ff.

52 Schroeder, Alice, Warren Buffett–Das Leben ist wie ein Schneeball, München 2010, S. 393 f.

53 Lowenstein, Roger, Buffett–Die Geschichte eines amerikanischen Kapitalisten, Kulmbach 2009, S. 165 f.

54 Lowenstein, Roger, Buffett–Die Geschichte eines amerikanischen Kapitalisten, Kulmbach 2009, S. 178 ff.

55 Lowenstein, Roger, Buffett–Die Geschichte eines amerikanischen Kapitalisten, Kulmbach 2009, S. 203.

56 Schroeder, Alice, Warren Buffett–Das Leben ist wie ein Schneeball, München 2010, S. 398.

57 Arnold, Glen, Die Größten Investoren aller Zeiten, Kulmbach 2012, S.85 f.

58 Lowenstein, Roger, Buffett–Die Geschichte eines amerikanischen Kapitalisten, Kulmbach 2009, S. 292.

59 Lowenstein, Roger, Buffett–Die Geschichte eines amerikanischen Kapitalisten, Kulmbach 2009, S. 220 ff.

60 Schroeder, Alice, Warren Buffett–Das Leben ist wie ein Schneeball, München 2010, S. 409 ff.

61 Hagstrom, Robert G., Warren Buffett–Sein Weg, Seine Methoden, Seine Strategie, Kulmbach 2017, S. 86 f.

62 Lettter to the Shareholders of Berkshire Hathaway Inc. 2012 vom 01.03.2013.

63 Schroeder, Alice, Warren Buffett–Das Leben ist wie ein Schneeball, München 2010, S. 481.

64 Lowenstein, Roger, Buffett–Die Geschichte eines amerikanischen

Kapitalisten, Kulmbach 2009, S. 285 ff.

65 Schroeder, Alice, Warren Buffett–Das Leben ist wie ein Schneeball, München 2010, S. 455.

66 Hagstrom, Robert G., Warren Buffett–Sein Weg, Seine Methoden, Seine Strategie, Kulmbach 2017, S. 136.

67 Brophy, Beth, After the Fall and Rise, in: Forbes vom 02.02.1981, S. 86.

68 Hagstrom, Robert G., Warren Buffett–Sein Weg, Seine Methoden, Seine Strategie, Kulmbach 2017, S. 137 ff.

69 Lowenstein, Roger, Buffett–Die Geschichte eines amerikanischen Kapitalisten, Kulmbach 2009, S. 382.

70 Schroeder, Alice, Warren Buffett–Das Leben ist wie ein Schneeball, München 2010, S. 543 ff und www.thebuffett.com

71 Schroeder, Alice, Warren Buffett–Das Leben ist wie ein Schneeball, München 2010, S. 583.

72 Schroeder, Alice, Warren Buffett–Das Leben ist wie ein Schneeball, München 2010, S. 627 ff.

73 Lowenstein, Roger, Buffett–Die Geschichte eines amerikanischen Kapitalisten, Kulmbach 2009, S. 477.

74 Schroeder, Alice, Warren Buffett–Das Leben ist wie ein Schneeball, München 2010, S. 603 f.

75 Hagstrom, Robert G., Warren Buffett–Sein Weg, Seine Methoden, Seine Strategie, Kulmbach 2017, S. 152.

76 Hagstrom, Robert G., Warren Buffett–Sein Weg, Seine Methoden, Seine Strategie, Kulmbach 2017, S. 154.

77 Arnold, Glen, Die Größten Investoren aller Zeiten, Kulmbach 2012, S.117 f.

78 Lettter to the Shareholders of Berkshire Hathaway Inc. vom 28.02.1989.

79 Hagstrom, Robert G., Warren Buffett–Sein Weg, Seine Methoden,

Seine Strategie, Kulmbach 2017, S. 160.

80   Lowenstein, Roger, Buffett–Die Geschichte eines amerikanischen Kapitalisten, Kulmbach 2009, S. 594.

81   Letter to the Shareholders of Berkshire Hathaway Inc. vom 01.03.1991.

82   Lowenstein, Roger, Buffett–Die Geschichte eines amerikanischen Kapitalisten, Kulmbach 2009, S. 689.

83   Schroeder, Alice, Warren Buffett–Das Leben ist wie ein Schneeball, München 2010, S. 658 ff.

84   Lowenstein, Roger, Buffett–Die Geschichte eines amerikanischen Kapitalisten, Kulmbach 2009, S. 690.

85   Hagstrom, Robert G., Warren Buffett–Sein Weg, Seine Methoden, Seine Strategie, Kulmbach 2017, S. 171 f.

86   Pressemitteilung Berkshire Hathaway vom 13.02.1996.

87   Schroeder, Alice, Warren Buffett–Das Leben ist wie ein Schneeball, München 2010, S. 762 f.

88   Schroeder, Alice, Warren Buffett–Das Leben ist wie ein Schneeball, München 2010, S. 789 ff.

89   Schroeder, Alice, Warren Buffett–Das Leben ist wie ein Schneeball, München 2010, S. 793 ff.

90   Schroeder, Alice, Warren Buffett–Das Leben ist wie ein Schneeball, München 2010, S. 31 ff.

91   Wikipedia-Beitrag zu Berkshire Hathaway und Schroeder, Alice, Warren Buffett–Das Leben ist wie ein Schneeball, München 2010, S. 831 f.

92   https://de.wikipedia.org/wiki/Forbes_Global_2000#2004

93   BRK kaufte in 2006 80 Prozent der Aktien, in 2012 die restlichen 20 Prozent.

94   http://www.richlinegroup.com

95   Pressemitteilung der TTI Inc. vom 30.03.2007 auf www.ttiinc.com

96 Schroeder, Alice, Warren Buffett–Das Leben ist wie ein Schneeball, München 2010, S. 956.

97 Schroeder, Alice, Warren Buffett–Das Leben ist wie ein Schneeball, München 2010, S. 959.

98 In 2008 kaufte Buffett zunächst 60 Prozent des Unternehmens und in den Folgejahren die restlichen Anteile; s. http://www.marmon.com

99 Schroeder, Alice, Warren Buffett–Das Leben ist wie ein Schneeball, München 2010, S. 943.

100 Schroeder, Alice, Warren Buffett–Das Leben ist wie ein Schneeball, München 2010, S. 945.

101 http://www.thebuffett.com/stock/period-10.html

102 Schroeder, Alice, Warren Buffett–Das Leben ist wie ein Schneeball, München 2010, S. 951 ff.

103 Schroeder, Alice, Warren Buffett–Das Leben ist wie ein Schneeball, München 2010, S. 974.

104 https://www.forbes.com/lists/2007/10/07billionaires_The-Worlds-Billionaires_Rank.html

105 Letter to the Shareholders of Berkshire Hathaway Inc. vom 28.02.2014.

106 Letter to the Shareholders of Berkshire Hathaway Inc. vom 25.02.2017.

107 Letter to the Shareholders of Berkshire Hathaway Inc. vom 25.02.2017.

108 Letter to the Shareholders of Berkshire Hathaway Inc. vom 25.02.2017.

109 Schroeder, Alice, Warren Buffett–Das Leben ist wie ein Schneeball, München 2010, S. 322.

110　Schroeder, Alice, Warren Buffett–Das Leben ist wie ein Schneeball, München 2010, S. 217.

111　Griffin, Tren, Charlie Munger–Ich habe dem nichts mehr hinzuzufügen, München 2016, S. 180.

112　Bill Gates, Fortune 1996, zitiert in: Griffin, Tren, Charlie Munger–Ich habe dem nichts mehr hinzuzufügen, München 2016, S. 142.

113　Benjamin Graham, zitiert in: Griffin, Tren, Charlie Munger–Ich habe dem nichts mehr hin\-zuzufügen, München 2016, S. 47.

114　Letter to the Shareholders of Berkshire Hathaway Inc. 1977 vom 14.03.1978 und 1992 vom 01.03.1993.

115　Hagstrom, Robert G., Warren Buffett–Sein Weg, Seine Methoden, Seine Strategie, Kulmbach 2017, S. 179.

116　Buffett, Warren, University of Florida 1998 (zitiert in Griffin S. 128)

117　Letter to the Shareholders of Berkshire Hathaway Inc. 1977 vom 14.03.1978.

118　Letter to the Shareholders of Berkshire Hathaway Inc. 1981 vom 14.03.1978.

119　Letter to the Shareholders of Berkshire Hathaway Inc. 1985 vom 04.03.1986.

120　Letter to the Shareholders of Berkshire Hathaway Inc. 1989 vom 02.03.1990.

121　Letter to the Shareholders of Berkshire Hathaway Inc. 1989 vom 02.03.1990.

122　Letter to the Shareholders of Berkshire Hathaway Inc. 1989 vom 02.03.1990.

123　Schroeder, Alice, Warren Buffett–Das Leben ist wie ein Schneeball, München 2010, S. 31 ff.

124　Lowenstein, Roger, Buffett–Die Geschichte eines amerikanischen Kapitalisten, Kulmbach 2009, S. 157.

125 Letter to the Shareholders of Berkshire Hathaway Inc. 1993 vom 01.03.1994.

126 Schroeder, Alice, Warren Buffett–Das Leben ist wie ein Schneeball, München 2010, S. 824.

127 Schroeder, Alice, Warren Buffett–Das Leben ist wie ein Schneeball, München 2010, S. 824 f.

128 Lowenstein, Roger, Buffett–Die Geschichte eines amerikanischen Kapitalisten, Kulmbach 2009, S. 498.

129 Hagstrom, Robert G., Warren Buffett–Sein Weg, Seine Methoden, Seine Strategie, Kulmbach 2017, S. 292.

130 Lowenstein, Roger, Buffett–Die Geschichte eines amerikanischen Kapitalisten, Kulmbach 2009, S. 456.

131 Schroeder, Alice, Warren Buffett–Das Leben ist wie ein Schneeball, München 2010, S. 948.

132 Hagstrom, Robert G., Warren Buffett–Sein Weg, Seine Methoden, Seine Strategie, Kulmbach 2017, S. 100.

133 Schroeder, Alice, Warren Buffett–Das Leben ist wie ein Schneeball, München 2010, S. 473.

134 Letter to the Shareholders of Berkshire Hathaway Inc. 1992 vom 28.02.1997.

135 Letter to the Shareholders of Berkshire Hathaway Inc. 1996 vom 28.02.1997.

136 https://de.wikipedia.org/wiki/Berkshire_Hathaway

더 클래식 워런 버핏

초판 1쇄 인쇄 2022년 5월 17일
초판 1쇄 발행 2022년 6월 7일

지은이 롤프 모리엔·하인츠 핀켈라우
옮긴이 강영옥
감수 신진오
펴낸이 김선식

경영총괄 김은영

책임편집 성기병 **디자인** 윤유정 **책임마케터** 이고은
콘텐츠사업1팀장 임보윤 **콘텐츠사업1팀** 윤유정, 한다혜, 성기병, 문주연
편집관리팀 조세현, 백설희 **저작권팀** 한승빈, 김재원, 이슬
마케팅본부장 권장규 **마케팅2팀** 이고은, 김지우
미디어홍보본부장 정명찬
홍보팀 안지혜, 김은지, 박재연, 이소영, 이예주, 오수미
뉴미디어팀 허지호, 박지수, 임유나, 송희진, 홍수경
경영관리본부 하미선, 이우철, 박상민, 윤이경, 김재경, 최완규
이지우, 김혜진, 오지영, 김소영, 안혜선, 김진경, 황호준, 양지환
물류관리팀 김형기, 김선진, 한유현, 민주홍, 전태환, 전태연, 양문현
외부스태프 표지 일러스트 손창현

펴낸곳 다산북스 **출판등록** 2005년 12월 23일 제313-2005-00277호
주소 경기도 파주시 회동길 490
전화 02-702-1724 **팩스** 02-703-2219 **이메일** dasanbooks@dasanbooks.com
홈페이지 www.dasan.group **블로그** blog.naver.com/dasan_books
종이 IPP **인쇄** 민언프린텍 **제본** 다온바인텍 **후가공** 제이오엘앤피

ISBN 979-11-306-9069-8 (04320)

다산북스(DASANBOOKS)는 독자 여러분의 책에 관한 아이디어와 원고 투고를 기쁜 마음으로 기다리고 있습니다.
책 출간을 원하는 아이디어가 있으신 분은 다산북스 홈페이지 '투고원고'란으로 간단한 개요와 취지, 연락처 등을 보내주세요.
머뭇거리지 말고 문을 두드리세요.